“最美中国”丛书(第二版)

最美的江湖

吴少东 著

合肥工業大學出版社

图书在版编目(CIP)数据

最美的江湖/吴少东著.—2版.—合肥:合肥工业大学出版社,2017.12
(最美中国丛书)
ISBN 978-7-5650-3775-7

Ⅰ.①最… Ⅱ.①吴… Ⅲ.①河流—介绍—世界②湖泊—介绍—世界 Ⅳ.①K918.4

中国版本图书馆CIP数据核字(2017)第325307号

最美的江湖

吴少东 著　　责任编辑 朱移山 张 慧

出 版	合肥工业大学出版社	版 次	2012年12月第1版
地 址	合肥市屯溪路193号		2017年12月第2版
邮 编	230009	印 次	2017年12月第3次印刷
电 话	总 编 室:0551-62903038	开 本	710毫米×1000毫米 1/16
	市场营销部:0551-62903198	印 张	12.5 字 数 192千字
网 址	www.hfutpress.com.cn	印 刷	合肥现代印务有限公司
E-mail	hfutpress@163.com	发 行	全国新华书店

ISBN 978-7-5650-3775-7　　定价:32.00元

如果有影响阅读的印装质量问题,请与出版社市场营销部联系调换。

序

赵 焰

一直以为，中国传统文化的精髓，从时间上说，是在明朝之前的。明朝之前，占据社会主流的，是清明理性的孔孟之道。崇尚自然、游离社会的道学，作为主流思想的补充，与儒学一起“相辅相成”、“一阴一阳”，使得社会主流思想具有强大活力。从总体上来说，中国文化的源头，无论是周公、老子、孔子，还是后来的诸子百家，比如说孟子、荀子、庄子、韩非子、墨子等等，都对人生保持清醒、冷静的理性态度，保持孔子学说实践理性的基本精神，即对待人生、社会的积极进取精神；服从理性的清醒态度；重实用轻思辨、重人事轻鬼神的思维模式；善于协调，讲究秩序，在人伦日用中保持满足和平衡的生活习惯……中国文化的源头如此，决定了汉民族的心理结构和精神走向，包括汉民族理想追求、文化风格以及审美倾向。

中国文化在明朝之前，占据社会主流的，是高蹈的士大夫精神。最显著的表现在于：遵从天地人伦之间的道德，有高远的理想，讲究人格的修炼，反对人生世俗化，鄙视犬儒的人格特征。比如说孔子，从他的言语来看，更像是倡导一种人生价值观，追求人生的美学意义。又比如说庄子，他的学说，不像是哲学，更像是一种生活美学：道是无情却有情，看似说了很多超脱、冷酷的话，实际上透露出对于生命、本真的眷恋和爱护，要求对整体人生采取审美观照态度，不计功利是非，忘乎物我、主客、人己，以达到安详和宁静，让自我与整个宇宙合为一体。这种贯穿着士大夫精神的人生价值观，让人忘怀得失摆脱利害，超越种种庸俗无聊的现实计较和生活束缚，或高举远慕，或怡然自适，或回归自然，在前进和后退中获得生活的力量和生命的意趣。这就是中国历代士大夫知识分子一以贯之的艺术清洁精神。英国大哲学家罗素曾经说："在艺术上，他们（中国人）追求精美，在生活上，他们追求情理。"这是说到关键了。

中国人的生活哲学就是如此，一方面高旷而幽远，另一方面也连着"地气"，是自发的浪漫主义和自发的经典主义的结合。道家是中国人思想的浪漫派，儒家是思想的经典派。当东汉年间佛教传入之后，这种以出世和解脱为目的的宗教体系遭到了儒学和道教的抵抗，从而消解了印度佛教中很多寡凉的成分。经过"中庸之道"的过滤，其中极端的成分得到了淡化，避免了理论或实践上的过火行为。也因此，一种中国特色的佛教观产生了，佛教在中国更多变身为"生活禅"，变成一种热爱生活创造人生的方式。中国人一方面避免了极端的"出世"之路，另一方面，由于心灵的滋养、美智的开发，使得东汉魏晋，包括后来的南北朝、隋唐、五代十国以及唐宋元产生了很多高妙的艺术，"艺术人生"的观念也随之如植物一样葳蕤生长。可以说，这些朝代，是中国最具审美价值、最开人们心智、也最出艺术珍品的年代。也因此，很多艺术种类都在这个阶段达到了高峰，比如说唐诗、宋词、元曲、书法、绘画、音乐、舞蹈等等，它们洋溢着一种高蹈的精神追求，境界高远，洁净空旷，如清风明月，如古松苍翠。从审美上看，由于存有或明或暗的观照，存有人格与事物的交融，主题得到了提升，感悟与生命同在，境界与天地相齐，一种深远的"禅意"油然而生……从总体境界上来看，这一阶段的各类艺术形式，达到了各自的高峰。它们是最能代表中国文化精髓的。

中国的艺术精神到了明清之后，有低矮化的倾向。明清以后，由于社会形态的变化，专制制度进一步严酷；加上统治者出身和教育的局限，以及愚民政策的目的，整体文化和审美呈低俗化的倾向，社会和人生的自由度越来越窄，艺术的想象空间越来越逼仄，艺术作品的精神高度下降。随着"程朱理学"和科举制度的推行，人们的想象力、创造力被扼制，审美弱化，艺术更趋"侏儒化"、"弱智化"。大众普罗的喜好抬头，刚正不阿的风骨软化，崇尚自由、自然、提升的审美精神也在丧失。不过尽管如此，在明清时代的中晚期，那种崇尚自然、物我两忘的高贵精神仍时有抬头，一批有着真正艺术精神的独立艺术作品或有出现。尽管如此，士大夫精神已不是艺术美和生活美的主旋律，它只是一种空谷幽兰的生命绝响。

近现代之后，由于社会动荡，战乱连连，再加上西方现代化所导致的实用主义、功利主义的渗入，中国的文学艺术遭到了进一步摧残，传统的艺术精神更进一步沉沦。艺术的政治化倾向、实用主义倾向和世俗主义倾向抬头，这直接导致了真正的艺术精神缺失，艺术的品位下降，高蹈精神向世俗俯首，自然和自由变身为功利和实用，士大夫精神更是变身为犬儒主义。中国近现代上百年的屈辱和战乱，更使得中国自古以来高洁的审美观变得扭曲和肤浅：黄钟大吕变成田野俚语，布衣青衫变成了披红挂绿，古琴琵琶变成了锣鼓鞭炮，洁身自好变成了争相取宠，安详宁静变成喧哗骚动，幽默风趣变成庸俗不堪……如果说是与非，美与丑是人类最基本标准的话，那么，很长一段时间里，这种基本标准都在丧失，很多人已分辨不了是与非，也分辨不了美与丑。“文革”时期八个脸谱化的样板戏在左右着中国人的全部精神生活，这样的现象，又何尝不令人扼腕叹息！

如果说中国当代教育存在着诸多问题的话，那么，以我的理解，当代教育最大的失败，甚至不是传统丢失、精神扭曲以及弱智低能，而是在美育上的缺失。这一点，只要观察我们周围的人们，就可以得出这样的结论——在我们的周围，到处都是对于生活没有感觉，对于美丑没有鉴别的人。他们所拥有的，只是功利，只是物质，只是金钱，只是对美丑的弱智的鉴别和判断。这些人不仅仅是一些教育低下的人，甚至，一些貌似受过良好教育的人也是这样——他们虽然拥有很高的学历，有很好的教育背景，但在美丑的辨别力，以及对于艺术、心灵的觉察力、感悟力和理解力上，同样表现得能力低下、缺乏常识。这样的现象，实际上是我们多年以来的教育缺乏美育，缺乏精神导向的结果。一个人的审美，是与道德和智慧联系在一起的，审美的缺失，实际上也是道德和智慧的缺失。一个对美缺乏判断力的人，很容易在人生中缺乏动力和方向，也很容易被民族主义、法西斯主义、极端主义、工业主义所奴役，成为过度现代化的牺牲品。在很多时候，这种人不可能是一个丰富的生命，只是一架精神匮乏的机器。

现在，这一套由合肥工业大学出版社精心组织的“最美中国丛书”，似乎在某种程度上，弥补了一些“寻根”和美育上的缺失。该丛书旨在“重建中国优美形象，重构华夏诗意生活”，通过对古代思想、伦理道德、文学艺术、风景民俗、器物发明等的重新梳理，重新发现中国特有的美，倾情向世人推介这种美，以期真正的美得到传承。这套书知识精准，图文并茂，力求童趣与大美的融合，悦目和感人的统一。对于正在成长的青少年来说，这一套书，应是一个不错的选择，最起码它可以让人知道，什么是中国的最美，什么是中国真正的美。继第一辑十本书受到业界、读者的广泛好评之后，合肥工业大学出版社又趁势推出第二辑“物华灼灼”和第三辑“文质彬彬”，加在一起又有20本，这两辑丛书在第一辑相对比较宏大叙事的基础上，着力聚焦中华文化的细节之美，视角更为开阔，叙述更为细腻。无疑是值得期待的。

上个世纪初，北京大学校长蔡元培先生曾经提出过著名的“五育并举”教育方针，“五育”为：军国民教育、实利主义教育、公民道德教育、世界观教育、美感教育。其中，美感教育尤其有特色，蔡先生还以“以美育代宗教”的口号闻名于世。在蔡元培看来，美育是宗教的初级阶段，对于没有宗教传统的中国人来说，美育教育是一种基础，并且相对宗教，美育更安全，更普及，也更为人接受。通过美育，可以培育出道德是非的基础，培育出向上的力量。虽然蔡元培的这一观点引起过一番争论，但对于一个人来说，有美的熏陶，有对于美丑的正确判断，怎么都不能说是一件坏事。并且，美与是非，与善恶，与道德，与人类的心灵，与这个世界的根本，是联系在一起的。以对美的判断和感知为出发点，了解中国历史，了解中国文化，了解中国人曾经的艺术生活，了解一个民族的内心世界；从而进一步了解世界，了解世界的规律，与身边的一切做到和谐相处，都是大有好处的。

也许，这套书的意义就在于此。

【目录】

最美中国

上篇 流淌

下篇 映照

（因本书部分图片未及向摄影者申请授权，祈盼宽谅；恳请有关作者见书后与我社联系，以便奉寄稿酬及样书。）

上篇　流淌

中国最长的江

——长江

“滚滚长江东逝水，浪花淘尽英雄……”，将长江作为开篇来写，并非受《三国演义》卷首词的影响。无论从哪个层面和角度而言，长江都称得上中国的第一大河。大自然用了约一亿年的工夫，不断隆起、抬升、断陷、下切，进行了沧海桑田般的演绎，让这条自西向东贯穿中国的高原、盆地和平原，横流东西 11 个省、区的大河，逶迤浩荡 6397 千米，注入世界上最大的海洋——太平洋，成为亚洲的第一长河。明朝文学家杨慎的这首《临江仙》，可谓写尽了长江和人生况味。

遍查中国古代文献，将“江”字作为河流名称特指的，只有长江。东晋大书法家王羲之和同为书法大家的孙绰是有文字可考的最早用“长江”之名的人。王羲之在一封给友人殷浩的信中写道：“今军破于外，资竭于内，保淮之志非复所及，莫过还保长江！”（《晋书·王羲之传》)；孙绰上疏曰："天祚未革，中宗龙飞，非惟信顺协于天人而已，实赖万里长江画而守之耳。"(《晋书·孙绰传》)。古人将这条流域约占中国国土总面积1/5的大河称为"长"江，是最贴切不过的了。

世人对长江的认识有着漫长的渐进过程，尤其是对其源头的探索和争论自古至今。中国现存最早的史书——《尚书》，开启了人们对长江之源的讨论。明代以前，一般皆沿用《尚书·禹贡》"岷山导江"的说法。明朝大旅行家徐霞客在其巨著《江源考》一书中，认定金沙江是长江之源。清朝时，人们的认识又前进一步，溯流求源到了通天河。吴承恩在《西游记》第四十七回就写了"圣僧夜阻通天水，金木垂慈救小童"，但依然无法确定长江的正源。"河源唯远"。我国在上世纪50年代和70年代组织专家两次考察长江源头地区，终于确定发源于各拉丹冬的沱沱河是万里长江的正源。源头景观十分壮丽，冰塔林立，玉砌银雕，天蓝云白，碧草无垠，童话般的世界令人心旷神怡。其泠泠而碧澈的冰川融水成就了万里长江第一河——沱沱河。长江有其坚硬、丰沛而长远的源头。

在世界大河史上，恐怕没有一条河流像长江这般特别：一条完整的河流，每段都有各自的命名。自源头至当曲河口，称沱沱河；自当曲河口至青海玉树巴塘河口，称通天河；自巴塘河口至四川宜宾岷江河口，称金沙江；四川境内惯称川江；重庆到湖北宜昌俗称峡江；自湖北枝城至湖南岳阳城陵矶，称荆江，其下半段河流素有"素颜"之称；因九江市为古浔阳府所在，其附近的一段长江，俗称城府；流经安徽的800里长江，俗称皖江；江苏镇江、扬州而下的长江，古称扬子江。不同的名字，不同的风俗，却共拥一江丰美的文化和历史，同造人类壮美的长江文明。

长江支流众多，一级支流达700条之多，八大支流聚布于上中游。上游有汉江、雅砻江、岷江、嘉陵江、乌江（又称黔江）；中游有湘江、沅江、赣江、资水；下游由于多平原和丘陵，地势平缓，水势较小，有青弋江、水阳江、黄浦江以及巢湖水系的滁河和南淝河。长江及其支流，像一棵壮硕的参天巨树，盛开着灿烂的文明之花，其流域成为人类居住时间最长的地区之一。上游有三星堆文化等；中游有大溪文化、屈家岭文化和石家河文化等；下游有河姆渡文化、马家浜文化和良渚文化等。这些多元而又一体的历史遗存，同造了古长江文明。

大自然用她那神奇的魔力，造化了大江两岸厚积的历史和迷人的风光。古往今来，文人骚客多有吟唱。李白送别断望："孤帆远影碧空尽，唯见长江天际流"；杜甫登高慨叹："无边落木萧萧下，不尽长江滚滚来"；白居易暮江行吟："一道残阳铺水中，半江瑟瑟半江红"；张若虚春夜问月："不知江月待何人，但见长江送流水"；王维汉江临眺："江流天地外，山色有无中"；崔季卿晴江望秋："八月长江万里晴，千帆一道带风轻”；苏轼赤壁怀古：“大江东去浪淘尽，千古风流人物”；李之仪倚江抒怀：“我住长江头，君住长江尾，日日思君不见君，共饮长江水”；毛泽东寄志水调：“万里长江横渡，极目楚天舒”……行笔至此，耳畔忽闻王世光作曲、胡宏伟作词的壮美旋律《长江之歌》：

你从雪山走来，春潮是你的风采；
你向东海奔去，惊涛是你的气概。
你用甘甜的乳汁，哺育各族儿女；
你用健美的臂膀，挽起高山大海。
我们赞美长江，你是无穷的源泉；
我们依恋长江，你有母亲的情怀。
你从远古走来，巨浪荡涤着尘埃；
你向未来奔去，涛声回荡在天外。
你用纯洁的清流，灌溉花的国土；
你用磅礴的力量，推动新的时代。
我们赞美长江，你是无穷的源泉；
我们依恋长江，你有母亲的情怀。

壮哉，长江！美哉，长江！

百川之首

——黄河

在中国的古典文献中，像“江”特指长江一样，在秦汉之前，“河”，基本上是黄河的专指。黄河一词最早见于东汉班固的《汉书·地理志》。以水流的颜色而命其名的大河，恐怕举世唯黄河独有。《尔雅·释水》载有“河出昆仑，色白，所渠并千七百一川，色黄”，用“白”“黄”二字描述河水由清变浊。华夏民族将这条穿越高峡和高原、奔腾入海的中国第二大河称为“母亲河”。她依次在青、川、甘、宁、内蒙、陕、晋、豫、鲁九省蜿蜒流动，像一柄弓背蓄势的铧犁，翻腾在广袤的中国北方大地；又像一条遒劲游动的巨龙，催生了“黄河文明”。

我曾到过青海的玛曲上游的约古宗列曲，那里矗立十几个“黄河源”的石碑，让我一度误以为这里就是黄河之源。但 2004 年中国三江源考察队的最后一次考察发现，青海卡日曲上游的那扎陇查河才是黄河

的正源。从这里算起，黄河真正的长度为5778千米，在中国仅次于第一长河——长江，居世界第五。

对黄河的河流分段，学界一直争论不休。有的学者认为，黄河中下游分界线应以青铜峡、孟津为切分点；有的学者主张以河南焦作武陟的嘉应观来划分。中学的教科书又以河口镇与孟津划分。黄河水利委员会坚持以河口镇与桃花峪划分上、中、下游，得到了较为普遍的认同。

黄河多峡谷。干流上的峡谷多达30处，累计长达1707千米。如龙羊峡、李家峡、刘家峡、盐锅峡、八盘峡、红山南峡北峡、黑山峡、虎峡、青铜峡和晋陕峡谷（包括三门峡）等。每段峡谷风光各异，皆成特色，尤以“晋陕蒙大峡谷”风光为最。此段峡谷地处鄂尔多斯高原东南部的丘陵地段，河道曲折蜿蜒，两岸峰争峙，一浪拍晋蒙，旖旎雄浑，撼人胸腹。峡谷下段的壶口瀑布，槽深水窄，飞瀑流急，气势壮伟，造就了独特的“山水艺术”景观。伫立崖石，碎珠湿衣，不由自主会想起两句现成的词语：雷霆万钧，浊浪排空。

黄河多支流，大的支流就达13条之多，渭河是黄河的最大支流。唐张籍有诗曰：渭水西来直，秦山南去深。渭水两岸是黄河文明的发祥地，周、秦、汉、唐13个王朝在此定都，姜子牙钓鱼，鸿门宴，阿房宫和杨玉环温泉水滑洗凝脂的华清池等著名的故事，就发生在渭水之滨。提起渭河，不得不提与其对应的黄河的另一条有名的支流——泾河。泾河发源于六盘山，奔流千里与渭水相汇，仍不改其清涟之性，泾清渭浊，泾渭分明，成为一道天下奇观。

黄河多神奇。在小北干流的龙门及支流渭河河段，每当高含沙的洪峰涌过时，河床遭受剧烈的冲刷，河底的淤积物像一块块、一片片地毯般被卷起漂走，河床冲深达几米至十几米。“揭河底”这一独有的泥沙运动现象，成为黄河的百年奇观。与之相反，黄河下游的一些河段，由于泥沙俱下，长期淤积，加之河堤屡次加高约束，形成举世闻名的“悬河”，尤以开封段为甚。据记载，近500年来，开封段河床以年均2厘米左右的速度向上抬升，到目前，已高出开封市区地面13米之多，而且河床主槽高于左右滩地，形成了“二级悬河”，成为世界上最高的悬河。站在大堤之上，可看到“悬河中之悬河”的特有景观。在黄河源的下端，龙羊峡与刘家峡间的一段黄河，是对黄河之“黄”的颠覆。此地名曰：贵德。黄河流经贵德全境，约80千米，河面浩阔，水流澈缓，水绕山环，峰奇水秀，平川溢绿，融高原粗犷、博大和江南隽美、静秀于一体，素有“高原江南”之称，享有“天下黄河贵德清”之美誉。一条黄河，流不尽的神奇。

奔腾于这片厚重、纯朴的黄土之上的百川之首，吸引了古往今来大量的颂诗。君不见，黄河之水天上来，奔流到海不复回（李白）；黄河北岸海西军，椎鼓鸣钟天下闻（杜甫）；黄河水白黄云秋，行人河边相对愁（白居易）；大漠孤烟直，长河落日圆（王维）；白日依山尽，黄河入海流；欲穷千里目，更上一层楼（王之涣）；土花漠碧云茫茫，黄河欲尽天苍黄（李商隐）；九曲黄河万里沙，浪淘风簸自天涯（刘禹锡）；白花垣上望京师，黄河水流无尽时（王昌龄）；派出昆仑五色流，一支黄浊贯中川（王安石）。

黄河，不是一条简单的地理现象的大河，她的每一层波浪都有着深刻的隐喻。黄水，黄土地，黄帝，黄皮肤，以及传说中的金黄色的中国龙，这一切黄色表征，把这条流经中华心脏地区的雄浑之河升华为民族的“圣河”。《汉书·沟洫志》就把黄河尊为“中国川源以百数，莫著于四渎，而黄河为宗”。信哉，斯言！

神秘的风景线

——黑龙江

我曾两次赴黑龙江。立于白山黑水之侧，我就像封冻之河——风过冰面而静穆，水流冰下而激越。我压制着自己的思绪。

黑龙江，流经俄罗斯、蒙古、中国，是一条被誉为“神秘的风景线”的国际河流。元朝时为中国的内河，现在的中俄界河，全长 4350 千米，其中有 3101 千米流经中国境内，是中国最北方的大河，中国第三长河。江流两岸植被完好，河水含沙量极少，黑色土壤中植物根茎等腐烂后腐殖质溶于江水，水色黝黑，中国古代文献中有黑水、弱水、乌桓河等别称。公元 13 世纪成书的《辽史》第一次以“黑龙江”称呼这条黑水奔流、矫如游龙的寒冷之河。黑龙江省也因此河而得名。

龙江沿途，黑水两岸，生态原始，多彩多姿。沿岸两百余里，高山峡谷，宽阔无垠；滩涂岛屿，星罗棋布；森林茂密，野生动植物种类繁

多，景观独异。自然风光天然别成。著名的有如洛古河源头、三江口、古城岛、北极村、石门、冒烟山、佛指山、龙骨山和太平岛等。人文景观也十分独特，弥溢着浓郁的地域俗况和异国风情。鄂伦春族和赫哲族就聚居在该流域。猛犸象化石、嘉荫龙骨山恐龙化石、二战期间日本人构筑的胜山要塞和上世纪60年代末中苏冲突地旲八老岛和珍宝岛等历史遗迹散布两岸。黑龙江，充满历史的积淀，自然天象，人文繁复，引人入胜而遐思不止。

黑龙江河网密布，支流众多，大小支流近千条，较大的支流有松花江、乌苏里江、呼玛河、逊河等。黑龙江是一条封冻河，每年10月下半月开始结冰，11月封冻，翌年4月底开始解冻。一年春时，我碰巧到这片黑土地，赶上了一次融冰开河的壮观。急湾处发生冰塞，短时间内水位抬高15米左右，黑水白冰，止流为山，令人震撼。

黑龙江不仅主流壮美，大的支流也奇美异常。全长1900千米的松花江是其右岸最大的支流，流域覆盖东三省总面积近五分之三。流域内，山岭重叠，森林满布，物产丰富。大、小兴安岭、长白山等山脉木材蓄积量达十亿立方米，是中国最大的森林区。白山黑土，其下富藏煤、金、铜、铁等矿产资源，其上盛产优质的大豆、小麦、玉米、高粱以及亚麻、棉花、甜菜等粮食和经济作物。松花江也是中国最北最大的淡水鱼场，每年都有四千万公斤的鲤、鲫、鳇、哲罗鱼等鲜美的鱼类越过乍暖还寒的江水。松花江虽然是黑龙江的支流，但在某种意义说，甚至超过了母河——黑龙江。李白诗曰："黄河之水天上来"，其实，松花之水才无愧于从天而来。因为，女真语（满语）称松花江为"松阿察里乌拉"，即"天河"之意。将松花江比作九天落地的天河，充分概括了它的宽广、绵长、富饶和神奇。

松花江的美是独特的，这就是闻名的奇观——"雾凇"。一年冬，我在丰满水电厂，目睹了这段从不结冰的江面的奇观。发电厂高温之水注人江里，风带暖流，蒸汽腾腾；长堤似环，玉树银枝；岸边的柳丝、松叶上，挂满了一簇簇、一串串晶莹剔透的冰花，让人仿佛置身玲珑的幻境，充分领略冰雪世界的画意与诗情。

道生一，一生二，三生万物。到东北，不能不到黑龙江，到黑龙江，不能不到松花江，到松花江，不能不到二道白河。二道白河源出长白山天池，是松花江的正源。河流强烈下切，河谷幽深狭窄，坡陡流短，冲险礁、跳陡壁，浪花飞溅似雪。从长白山巅远眺，二道白河犹如银龙，越深谷、舞林海，矫健而神秘。天池之湖、长白山之泉给了它丰沛的源流，水流温而不冻，河面上常漂着一层白茫茫的气雾，仿佛为这条奔流披上一层薄纱。《安图县志》里有一首咏叹白河、天池与瀑布的诗，尽显二道白河之娇美。诗曰："白河两岸景佳幽，碧水悬崖万古留。疑是龙池喷瑞雪，如同天际挂飞流。不须鞭石渡沧海，直可乘槎问斗牛。欲识林泉真乐趣，明朝结伴再来游。"

这条寒冷而狭长的河流，两岸遍生白桦、红松、长白落叶松、柞木、水曲柳、核桃秋等耐寒之植，随行独立，层次明晰，坚贞静伫，让我非常震撼。我曾在二道白河畔写下一首诗《二道白河畔的岳桦》：

在二道白河畔
我听不到黑亮的涛声。
阳光照耀左岸　风行右岸
岳桦狂乱的梢头　声响遥远。
这是四月的东北亚，
雪线依然悠长
银色的呼啸　使我惊悚。

我惊悚于一个群体的幽居
在这背阴的坡北，即使
根叶埋于经年的雪底
纵使　思忖的手臂褪为白骨，
高寒的思想者　没有退守凛冽的地带。
没有桃园鸡犬
没有竹林酣饮，
岳桦坚硬的呐喊
依然让人不寒而栗。

（《二道白河畔的岳桦》，原载 2011 年第 10 期《诗歌月刊》）

东方日出之江

——乌苏里江

“乌苏里江来长又长，蓝蓝的江水起波浪……”在中国，相信1980年之前出生的人都听过胡小石作词、汪云才作曲、郭颂演唱的《乌苏里船歌》，我们从那悠扬婉转的歌声中知道了东北有一条江叫乌苏里江；知道那里住着赫哲族人，他们驾船、撒网、打鱼，知道大顶子山，知道白桦林，那里山美水美，物产富饶。我们从初中历史课本中也知道了1860年清政府与沙俄签订了割地丧权的《北京条约》，那一年，乌苏里江由中国的一条内河，变成了中国与俄罗斯的一条界河。

这条黑龙江右岸的第二大支流，发源于吉林东海海滨，锡赫特山脉，全长909千米。乌苏里江，满语意为“水里的江”、“东方日出之江”，是中国最早升起太阳的地方。这条“水里的江”，整体穿行在中国的完达山脉和俄罗斯的锡霍特山脉间的纵谷，两侧时有低山依偎，丘陵逼近，岗峦互映，江面宽阔，水流平稳而清冽，渔产丰富，便于航行。两岸遍是原始植被，非草即木，蓊郁静穆，风景十分优美。远眺西岸，那丹哈达岭森林茂密，三江平原，良田万顷。极目东岸，山岳逶迤，峭壁陡立，水映山形，一派奇秀。

乌苏里江资源丰饶，物华天宝。山上原始森林浩瀚无垠；林下野花杂生，冷洁雅俏；江畔三江平原，沃野千里；一江砂金蕴藏，满山奇珍溢彩。矿产有煤、石墨、金、银、铜、铁、锌、石灰石、泥炭等，植物有红松、水曲柳、人参、乌拉草、毛水、苏草、椴树花、五味子、刺五加、平贝、松子、榛子、橡子、猴头、蘑菇、木耳、蕨菜、黄瓜、黄花菜、薇菜、山葡萄、山梨、猕猴桃、嘟柿、北国红豆、草莓等近2000种，点点串串，水灵闪耀，月夜里如群星坠落，阳光下似珍珠闪耀。

乌苏里江流域人烟稀少，生态原始。林驰野兽，江游锦鳞，天翔珍禽。草原森林连片，水域沼泽广布；珍禽与异兽聚集，虎狼与雉鸟荟萃。当地的向导告诉我一句俗语：“棒打獐子瓢舀鱼，野鸡飞到饭锅里”，大自然的丰饶馈赠可以略见一斑。而现实也确实如此。现今还有虎、熊、野猪、狍子、貉、貂、狐狸、猞猁、麝鼠等150多种野生动物，丹顶鹤、白鹳、海东青、金雕、黑琴鸡、飞龙、鸳鸯、红嘴鸥、鹭鸶、天鹅、野鸭等近300种鸟类，鲤、鲫、鲢、鳜、鲟、鳇、白鱼、大马哈鱼等近百种鱼类。乌苏里江的鱼素有“三花五罗”、“锦鳞”“水生龙凤”

“梦幻中的祥瑞神鱼”等尊称和雅号。

乌苏里江四季皆美，各有各美，各尽其美。初春之际，炸裂的冰排，震响如雷，奔流狂卷，惊人魂魄；盛夏来时，碧水如练，渔舟唱晚，鸥鸟樯帆齐飞，令人窥景忘返；金秋时节，山花缤纷，千红万紫，使人神怡心旷；隆冬袭来，山舞银蛇，树生琼花，剔透晶莹，如入仙域幻境。江中，岛屿和江心洲成串分布，珍宝岛、七里沁岛等如出水珍珠，异彩纷呈。岸边，湿地成片，磅礴壮美，天然仙成。

啊，乌苏里江，水里的江，东方的东方！

中朝界河

——鸭绿江

大部分中国人知道鸭绿江，是因为1950年代初的朝鲜战争。那场战争，将中国与纵横三千里的神秘半岛连在一起；那场战争，因为130万中国志愿军“雄赳赳，气昂昂”的跨越，让中国人知道了一座铁桥下的大河叫鸭绿江。

我曾就鸭绿江的得名，问过陪同我的一位集安市的作家。他告诉我，汉文档案史料分别有以“雅鲁”、“亚绿”、“押鹿”和“鸭绿”等名称来记载这条河，1945年抗日战争胜利前后才统一为“鸭绿江”三个固定的汉字。但其得名有五种说法。

一说是因江水颜色似鸭首之绿而得名。《新唐书》记载：“有马訾水出靺鞨之白山，色若鸭头，号鸭渌水。”

二说是因上游地区鸭江、绿江两条支流合而为一，并称为“鸭绿江”。

三说是因满语 Yalu ula（读音：鸭绿乌拉）的音译。“yalu”一词在满语中本是“土地的边端，疆界的分野”之意。Yalu ula 其语意是“边界之江”。

四说是“鸭绿”是生长在这条河流中的一种鱼，其满语的读音写为“雅罗”鱼。江是因鱼而得名。

五说是鸭绿江是混合语。“鸭绿”一词在古阿尔泰语（蒙古语和通古斯语同源词）拼写为 yaaru（或 yaalu），有“匆忙的、快速的”之意，

形容水流湍急；“江”拼写为 ula，yaalu ula 可以读为雅鲁乌拉，鸭绿乌拉，音意混译为雅鲁河、鸭绿河，或雅鲁江、鸭绿江。

五种说法各据其理，皆有可能，但我认为第五种说法更有可信度。查阅有关鸭绿江的历史资料，满文档案所记基本一致，均称这条中朝边界江为“yalu ula”。其实，在大兴安岭东麓就有一条雅鲁河，其河名之意与鸭绿江同。鸭绿江古称坝水，汉代称为訾水，唐朝始称鸭绿江。发生学学者从发生学角度研究认为，鸭绿江的名称与雅鲁氏这个古老氏族有关。据韩国史料《三国史记》记载，雅鲁氏由于高句丽国与沃沮国开战，被迫南徙涓水流域，他们把湍急的涓水用自己的族称，更名为“雅鲁（鸭绿）江（河）”。

鸭绿江，发源于长白山南麓，干流全长 795 千米，流域面积 6.4 万多平方千米，在辽宁丹东东港市附近向南注入黄海。两岸青峰锁江，河道曲折，江水蜿蜒，滩险流急，风光旖旎。鸭绿江大峡谷，历 300 年风雨冲刷、切割和侵蚀，景观奇绝。谷内翠木相掩，奇峰倒映；两岸怪石林立，群山耸峙；上苍赐百态之姿，大河呈恢弘气象。遥观望天鹅火山，宛如一只昂首翘盼的天鹅立于峡谷，这座天鹅般的火山喷发出的地下岩浆形成了熔岩台地，经悠悠岁月的风化剥蚀，造就了这条绵延数十千米的玄武岩大峡谷。这里生态原始，物种繁多，古木蔽天，鱼翔碧水，蛙鸣幽谷，珍禽异兽出没森林，百草中药遍布山上，奇石有百态而林立，飞瀑如银河之竞泻。春花争艳，清溪映秀；阴壁凉夏，流泉飞歌；秋霜染谷，碧水逍魂；冬瀑剔透，雪暖深涧。风光奇异，丽质天成。

到鸭绿江，不可不看 1988 年国务院命名的国家级重点风景名胜区——鸭绿江风景名胜区。水丰湖浩瀚秀美，虎山长城雄峙江畔，鸭绿江大桥弹痕累累，龙山湖更有“石林之峻峭，三峡之烟云，雁荡之怪石，江南水乡之秀美”之兼美，游一江可观两国风光。中国 1.8 万千米的海岸线最北端的江海分界、古人类洞穴遗址、原始村落遗址和现代园林建筑等，构成了丰富的自然和人文景观。

鸭绿江不仅是中朝的界河，一条流淌军事与政治的河，更是一条溶入历史文化深髓和沧桑的深美之河。

奇异之河

——辽河

赴辽河考察前我补了功课。

这条中国东北地区的大河，古称句骊河，汉代称大辽河，五代以后始称辽河，清代又称巨流河。辽河，全长 1430 千米，流经河北、内蒙古、吉林和辽宁 4 个省区，千里蜿蜒，在营口境内划了一个优美的弧线，以豪迈的气势泻入渤海，是中国第七大河。

辽河有东西二源。东源称东辽河，西源称西辽河，整个水系呈树状，东西宽南北窄。流域东、西部山地散布红松、油松、落叶松和以栎属为主的杂木林。辽河上游沙地草原以牧为主，下游平原开发较早，盛产大豆、小麦、高粱、玉米、水稻等，是中华民族和中华文明的发源地之一。

关于辽河，我最想讨论的是辽河三角洲。

辽河三角洲地处辽河、大辽河入海口交汇处，12 万公顷的湿地，绵延百里，风光独特，被《中国国家地理》发布为中国最美六大沼泽湿地之一，是全国最大的湿地自然保护区。沼泽地内，鱼塘遍布，鸟瞰如碎镜嵌地；芦苇丛生，远望犹万顷绿浪。东面有沃野稻田，东南有盐巴如山。苇海浩瀚，为野生动物提供了生栖、繁殖的绝佳宝地。据不完全统计，这里有野生动物 320 多种，其中白天鹅、黑嘴鸥等珍稀鸟类就达 230 多种。地球上共有丹顶鹤约 2000 只，盘锦一地就发现 100 多只。这里是丹顶鹤繁殖的最南限，每年 3 月 20 日前后是丹顶鹤的节日，这些“湿地之神”飞越千山万水，在此相约、栖息、繁衍。这里也是黑嘴鸥的家乡，世界上仅存 2000 多只的濒危物种，成群结队远渡重洋，从日本南部、韩国、香港、台湾等飞回这片唯一的、也是最大的繁殖地。鸟翔碧空，芦花飘雪，是辽河三角洲最美时光。

在辽河，我最惊异于它的红海滩。这大片镶嵌在大海边缘的燃烧的滩涂，不是砂砾，不是奇石，不是海水，不是彩云的映照，而是一种生命力顽强旺盛的聚生植物——一种唯一适宜在令人望而却步的盐碱土质上存活的草，叫碱蓬草。

每年4月，它顶开地面，初为嫩红，渐次深红。10月始，由红变紫，于光阴荏苒中，酿造出一片片火红的生命邑泽。秋天，它美艳到极致，令人意乱情迷。它呼应季节召唤，却不固守滩涂。当滩涂以每年数十米的速度向大海挺进时，它把密集的根须紧扎滩土，逐浪蔓延，将嫣红的身影摇曳于波涛边沿，惊涛骇浪却不可以将其吞没、卷走。退潮时，潮湿的火焰愈加绚烂、鲜活。生命的奇迹，令人叹为观止。

碱蓬草在这片湿地里如鱼得水，展示着一个生命群体最华丽的阵容。

你也许见过"过江之鲫"，但你听说过"履鱼而渡"吗？辽河有一种特产大马哈鱼，最大的长达4~5米，重达700~800公斤。这种鱼在鱼汛中数量极多，简直达惊人程度。《黑龙江志稿》有"每年秋天自海逆水而上，入江驱之不去，充积甚厚，当地人竟有履鱼背而渡者"的记载。乌苏里江每年有四个多月结冰期，完全不能通航，河面变成了雪橇飞驰的平滑大道，这时，你可以"履冰过江"，也可以凿冰捕鱼。

华北地区最大的河

——海河

海河，由上游北运河、永定河、大清河、子牙河、南运河等河流，从北、西、南三面束汇天津——自天津金刚桥到大沽口干河流淌约 70 千米，注入渤海——流经京、津、冀、晋、鲁、豫、辽、内蒙古八省市区，全长 1090 千米，是中国华北地区最大的水系。

海河的上游与下游直接贯流，几乎没有中游，这在世界大河中绝无仅有。除南运河、子牙河、大清河、永定河、北运河五大河流外，海河支流众达 300 多条。海河水系是全国七大水系之一，流域范围西起太行，东临渤海，北跨燕山，南界黄河。主支交错，河脉纵横，我的中学地理老师将其比喻成一把巨大的扇子斜铺在华北大陆上。

关于海河有两个问题需要厘清。

一是源头和长度。关于这个问题说法有四，至今不一。天津人视海河为母亲河，有人因此以为海河的源头就在天津，全长 73 千米，此乃说法之一。其实不然，只是海河的干流在天津。说法之二是《辞海》中记载：海河发源于河南省的卫河，全长 1090 千米，《中国统计年鉴》沿用了此说法。说法之三是海河发源于山西省的漳河，全长 1032 千米。《海河流域综合规划》采用了这一说法。说法之四是海河发源于漳河的上游浊漳河，全长 1329 千米。这是少数水利专家认为。我个人赞成《辞海》的见解。

二是海河称谓沿革问题。有人说海河因地势较低，每当渤海涨潮时，河水倒流，落潮时河水顺流，流向与海水的潮汐相同，因此得名为“海”河。我总感觉这多少有点对自然现象的牵强附会。我认为，海河的得名也许与黄河的三次决口北迁、夺海河入海，后又南徙有关。宋朝时，认定海河为界河下游段，金代、元朝时皆称为直沽河或大沽河。清朝陈仪在其所著《直隶河渠志》中说：“海河，南、北运河，淀河（大清河）之汇流，白天津东北迄至大沽口一百二十里”，所指的海河即今天的海河干流。记载虽有不确之处，但我认为，海河这个名字始见于明末。因为从这时起，直沽河、大沽河等名称才逐渐被海河二字所代替。

海河两岸风景名胜大多与历史人文有关，引人入胜。

大沽炮台。上初中时我们就知道“海门古塞”——大沽口的炮台。明初名将戚继光为防海盗骚扰，筑台制炮，名曰“大将军”。清道光六年，裁撤水师，空余炮台。“天津卫，三宗宝，鼓楼炮台铃铛阁。”三宗宝之一的炮台，指的是大沽口炮台，现今的津门十景之一。

三条石大街。海河干流两岸是早期民族工业发祥地，被称为“华北工业摇篮”。1860年咸丰年间，直隶交河县人秦玉清带领子侄在三条石开设了第一家铸铁作坊——秦记铁铺，开始了三条石铸铁业的发展史。20世纪初，三条石的机械铸造业迅速成长，1937年前后达鼎盛，分厂、分号遍及全国十几个省市，产品远销到南洋群岛。

直隶总督署。1895年，清光绪朝在位于河北区金刚桥东北侧建海防公所，为北洋海军人员提供活动场所。7年后，袁世凯总督直隶，推行新政，将直隶总督衙门迁设于此。辛亥革命后，改为直隶省（河北省）政府驻地。抗日战争初期被日军轰炸成废墟。1949 年后，在废墟上新建金刚公园，后又改建成一座医院了。

望海楼教堂。天津海河北岸狮子林桥旁有一座欧式的天主教堂，也称圣母得胜堂。1869 年清同治八年，由法国天主教会建造，次年因“天津教案”被烧毁。1897 年帝国主义分子用清政府赔款重建，1900 年义和团运动第二次被烧毁。现存的望海楼教堂，是 1904 年光绪三十年第三次重修的，但建筑形式未变，欧味十足。

此外，大悲院，李公祠，文庙，玉皇阁，劝业场等，皆为海河两岸的名构，非常值得一游。这些年，海河及其两岸变化很大，尤其是干流旁的都市天津的滨海新区，让人有霄壤之感。你可以从市内码头乘船到海河二道闸，中流观景。再弃舟乘车，饱览大沽炮台的历史与天然沉淀和呈现后，复登游船出海，一览海上旖旎风光。

三晋第一胜境

——汾河

汾河，源出山西宁武管涔山麓，全长716千米，山脉围水，在河津附近汇入黄河。汾者，大也，汾河因此而得名。汾河纵贯山西南北，是山西最大的河流，黄河第二大支流。

说起汾河，必须提起一位名人——台骀。

台骀，是我国历史上成功治理江河的创始人，有“华夏治水第一人”之誉。“分野扪参次，山川奠禹先”。相传，台骀治水是摸着天上的星辰来划分地上的水路与疆域的，早在大禹治水前已奠定了山川。台骀治汾，从地处宁武的汾河源头治起，现遗迹有三，其中一处在象顶一品石附近。相传他治水时从天上摘星宿三颗，垒成“品”字状，置于象顶之上，作镇汾魔之石，并将此处作点将台，在此居中调度，分派人力、物力。台骀面对洪涛巨浪，经过艰苦细致的勘察测量，在汾河大拐弯处开凿新的汾河河道，与洮水分流，令南北流向的汾水改向西流，开辟了现今汾河水系的分布格局。台骀一生活动在汾河流域，对山西有拓荒、启蒙、开化之功，是名副其实的“开发山西第一人”。汾河也因此载入《左传》，第一次出现在中国历史上。

汾河四周，九山汇拢，林海深密，溪淙流远，自古以来就被列入名山大川之列。《山海经》载：“管涔之山，汾水出焉。西流注入河（黄河）”。《水经注》载：“汾水出太原汾阳之北管涔山”。有史以来，汾源和汾水哺育了三晋悠久灿烂的文明，是碱晋文明的摇篮和发祥地，水源丰富，航运发达。秦晋结好时，秦穆公发动“泛舟之役”运粮赈灾晋国；汉武帝乘龙船溯汾巡游；隋唐宋辽金，运三晋之粮和管涔之木经汾河漕运至长安等地，“万木下汾河”的场景非常壮观。

汾河正源在汾源。溯流而上，在宁武县城西南30千米的东寨镇西楼子山下，有一处源泉自石滹汩汩涌入方塘后，又经地下暗道从一石凿龙口喷泻而出，流入宽阔的河道。这里就是汾河的源头，被誉为“晋地之根”。不远处矗立着海拔1954米的管涔山麓地，分布天池等15个高山群湖，山脉环翠，古木掩日，湖水清澈，宛如一块块碧绿的宝石嵌于高山之巅。在这些湖泊中，最大的是天池，古称祁莲池，惯有“阴霖不溢，阳旱不涸，澄亭如鉴”之说。神奇的风光，引来历代帝王公卿、骚人墨客来此探游。汉武帝刘彻率领群臣乘楼船泛舟汾河，饮宴中流，临萧飒秋风，望南归鸿雁，触景生情，写下了与高祖刘邦高亢豪迈的《大风歌》有霄壤之别的《秋风辞》：“秋风起兮白云飞，草木黄落兮雁南归。泛楼船兮济汾河，横中流兮扬素波。萧鼓鸣兮发棹歌，欢乐极兮哀情多，少壮几时兮奈老何”；隋炀帝杨广建宏丽的汾阳宫，携文武臣僚宫娥彩女约十万余人来此消夏游猎，极尽奢靡。《随驾天池应诏》里有诗一首描摹盛况：“上圣家寰宇，威略振边陲。人维穷眺览，千里曳旌旗。驾鼋临碧海，控骥践瑶池。曲浦腾烟雾，深浪骇惊螭”；大诗人欧阳修、范仲淹等皆来此览胜赋诗，盛赞美景。欧阳修在《晋祠》里赞曰：“古城南出十里间，鸣渠夹路何潺潺。行人望祠下马谒，退即祠下窥水源”；范仲淹在《咏晋祠水》里叹道：“神哉叔虞庙，地胜出嘉泉，一源甚澄澈，数步忽潺豔……满目江南乡，千家灌禾田。大道果能行，时雨宜不愆。皆如晋祠下，生民无旱年”；元朝诗人元好问更是在此写下了流传千古的《雁丘辞》：“恨人间、情是何物，直教生死相许。天南地北双飞客，老翅几回寒暑。欢乐趣，离别苦，是中更有痴儿女。君应有语。渺万里层云，千山暮景，只影为谁去。横汾路。寂寞当年箫鼓”！

遥忆横流游幸秋，当时意气谁能俦。楼船箫鼓今何在？红蓼年年下白鸥。“站在那高处，望上一望，你看那汾河的水呀，哗啦啦啦流过我的小村旁”，无人不说汾河好风光啊。

北方最大的不冰之河

——拒马河

我是因房山十渡和涞水野三坡而知道拒马河的。其实“风萧萧兮易水寒”里的“易水”，就是拒马河的一段。好读书而不求甚解的我，却因渐离击筑、荆轲高歌一去不还的决绝情怀忽略了名水的全貌。

后来，我曾与一干朋友溯流而上，穿过百里大山，终于抵达群泉涌溢的拒马河的源头——涞源。涞源多泉，且出水量大，这在缺水的华北地区是首屈一指的。郦道元在《水经注》里记载：“巨马河出代郡广昌县涞山”。涞源曾名广昌县隶代郡，涞山一山分七峰，别名“七山”。《广昌县志》有记载：“拒马河源，在县城南半里，出七山下”。因而，源在七山。但我们发现拒马河还有两源。拒马河因流过涞源，曾名涞水，流经易州段又名易水，所以县城的三大泉群分别被称为涞水源、易水源、拒马源。涞、易二源在城东的林间汇合，“涞易合流”曾被誉为涞源古十二美景之一。涞易合流后又东流2000多米，再与拒马源水合

流，三泉之水，一路蜿蜒，荡荡远去，先注白洋淀，终归渤海。

拒马河古称涞水，汉朝时，改称“巨马”，有水大流急如巨马奔腾之意。公元308—318年，羯族名将石勒率10万大军出太行，掠河北，一次在“巨马河”前遭到晋人刘琨率军死抗，石勒兵败。这个曾与祖逖一起闻鸡起舞、有诗人将军之称的刘琨，一战功成并改写了一条河流的名称：巨马河从此成了“拒马河”。

拒马河，水势浩大，干流长254千米。最初，来自于太行山深处的拒马河，水量并不大。其源头虽泉眼密布，自身及周边源头水量并不大，但拒马河志在大海，不捐细流，沿途吸纳各处沟谷泉水，终成大河。拒马河源头涌水量恒定，泉水的温度冬夏几无变化，常年保持在7℃左右。夏日冰凉刺骨，冬季则因巨大的温差而雾气弥漫。微风吹过的夜晚，可以见到晶莹的树挂。河边虽偶有冰碴刺水，但河面从不封冻，这在黄河以北的河流不能不说是一大奇观，成为冬季中国北方最大的不结冰的河流。

拒马河一路潺潺滔滔，水流湍急，对所经之地切割强烈，坡陡谷宽，幽谷藏秀，地貌百变，风光绮丽，文物古迹与自然风光精彩错杂，百里河谷皆如泼墨画廊，其中以十渡和野三坡为最。

十渡，位于北京房山区西南、拒马河中上游，这里河谷狭长如巨蟒蜿蜒，谷壁似刀劈斧削，拒马河依山绕岭从西北至东南流贯全境，曲流回转，湾阔水深，两岸山峰如塔林擎天，若长剑刺云，青山野渡，景致幽胜，被誉为“北方桂林”和“百里画廊”。拒马河流经房山20千米，如九曲回肠，沿途有十处渡口，过河须渡水十次，“十渡”因此得名。如今，公路入谷，十处渡口改建为漫水桥，早已没有真正的渡口了，但是十渡的名字却一直沿用至今。

十渡之美仪仗于拒马河。拒马河蜿蜒迂回，穿山越峡，宛如一条流动的玉带，将峰、石、峡、水、洞、溪、潭融为一体。十渡山水，四季如画。三步一景五步一画绘就百里画廊，百米一桥千米一渡构成十渡风光。春有杨柳吐翠，百花争艳，香溢谷川；夏有群峰叠翠，碧水映云；秋有红叶如火，柿坠枝头；冬有山岭披银，冰河如镜，恰似一幅绝妙的山水画卷。十渡地区负氧离子含量极高，素有“自然空调、天然氧舱”之称。人们感叹：“早知有十渡，何必下江南。”

其实十渡风景区，不止十渡，共有十八渡，游客是少去一渡和十一渡至十八渡的，风光主要集中在二渡到十渡。过了十八渡就是河北境内了，就到了野三坡了。

野三坡穿行于太行山和燕山之间，北京市与河北省交界处，拒马河流经野三坡35千米，群峰竞秀，九曲蜿蜒，水光潋滟，风光奇特。我去野三坡时正值深秋时节，极目远望，野三坡群山逶迤，苍莽辽阔，层林尽染，天蓝水清。扁舟戏鱼，灰鹤掠雪，山头积雪舔云，山间林色斑斓，山脚绿草如茵，令人心旷神怡，乐而忘返。野三坡四季皆有别境。春日里，碧草漫坡，山花烂漫，山上桃花似雪如火，壁间草木附势杂生；夏季时，骄阳撞击百里峡谷，曲径通幽生寒，海棠花香袭人，如入世外桃源。飘雪的冬天，更是一派银装素裹晶莹世界。有人形容野三坡之美，兼具泰山之雄、黄山之奇、华山之险、峨眉之秀、青城之幽。此喻真是传神！

拒马河像一条熠熠生辉的金链，串起了一颗颗让人意乱神迷的翡翠宝石。

大地史诗

——京杭大运河

京杭大运河流经18个城市，我有幸到过13个。一座座积淀了深厚悠久文化底蕴的名城古镇，像璀璨的明珠，与运河的波光一起熠熠生辉。而京杭大运河像一条流动的金线，将18颗明珠串联起来，让人惊奇于它的光芒。

京杭大运河，是中国仅次于长江的“黄金水道”，堪称水上长城。区别在于，万里长城的作用偏于军事，而京杭大运河则重于经济。运河全长1794千米，为苏伊士运河的16倍，巴拿马运河的33倍，无论历史之久、里程之长，均为世界运河之首。这条北起北京，南迄杭州的世界上开凿最早的人工河道，与万里长城交相辉映。万里长城如阳刚的东西一撇，京杭大运河似阴柔的南北一捺，在中华大地上烙下了一个大写的“人”字。

京杭大运河是人类河道建设工期最长的河流。掘于春秋，成于隋朝，盛于唐宋，改于元代，通于明清，公元前486年始凿，至公元1293年全线通航，前后共持续了1779年，是汇聚了中华民族祖先智慧与创造力的巨建杰构。要想备述京杭大运河的古今和全貌，同样是一件浩大的工程。我们只能在她的柔波里感受祖先留给我们的鲜活物质、精神财富与万古流动的重要的人类遗产。

大运河工程共分三期。一期工程是运河的萌芽时期。公元前486年，春秋吴王夫差在扬州开凿邗沟，以通江淮。邗沟是京杭大运河的起源，是大运河最早的一段河道。战国时，又先后开凿了大沟和鸿沟，从而把江、淮、河、济四水沟通起来。二期工程主要指隋代的运河系统。以东部洛阳为中心，于公元605年开凿通济渠，直接沟通黄河与淮河的交通。并改造邗沟和江南运河。607年又开凿永济渠，北通涿郡。连同公元584年开凿的广通渠，形成多枝状运河系统。三期工程主要指元、明、清阶段。元朝定都大都（今北京）后，要从江浙一带运粮到大都，为了避免绕道洛阳，裁弯取直，元朝就修建了济

州、会通、通惠等河，至公元1293年元代大运河全线通航，漕船可由杭州直达大都。明、清两代，又对大运河中的许多河段进行了改造，成为今京杭运河的前身。

京杭运河自北而南流经京、津2市和冀、鲁、苏、浙4省，贯通中国五大水系——海河、黄河、淮河、长江、钱塘江和一系列湖泊，是中国重要的一条南北水上大通道。在海运和现代陆路交通兴起以前，京杭大运河的货物运输量占到全国的3/4，有力地促进了中国历朝的政治、经济和文化的发展。目前，京杭运河的通航里程为1442千米，全年通航里程为877千米，主要分布在黄河以南的山东、江苏和浙江三省，依然对流经区域的交通运输和经济发展起着重大作用。

大运河聚涵了中国政治、经济、文化、社会诸多领域的庞大信息。据《越绝书》记载，秦始皇“治陵水道，到钱塘越地，通浙江”，在嘉

兴境内开凿的河道，奠定了江南运河以后的走向；2500 年前吴王夫差挖邗沟，通长淮，筑邗城，衍生了运河文化；明清两代在淮安府城专设漕运总督和庞大机构，负责漕运事宜，运河之盛至极。大运河几历兴衰，但漕运之便之盛，却一直泽被运河两岸。大运河也见证了历史的衰败。1842 年英军在鸦片战争中一战决胜，夺取了京杭大运河岸边的镇江，封锁漕运，迫使道光皇帝迅速求和，签订了割地丧权的《中英南京条约》；1853 年太平天国控制运河漕运，沿线主要城市遭受重创，有的甚至全部焚毁；1911 年津浦铁路全线通车，运河以及沿线城市的地位一落千丈。但有一点必须充分认识到，京杭大运河彰显了古代中国领先于世界的水利航运工程技术，促进了当时的社会和经济进步。正如唐朝诗人皮日休在《汴河怀古》中所咏叹的：尽道隋亡为此河，至今千里赖通波。若无水殿龙舟事，共禹论功不较多！

流淌历史的绿波

——淝河

淝河，虽不是源远流长的名川大河，但其奇在于共有东南西北四条名字相同的河流，在安徽大地上各自曲折之后，分流淮河与长江。

西淝河集自然风光和人文景观于一体，文化积淀深厚，是安徽省境内唯一一条无污染的天然河流。北淝河，革命家彭雪枫在此创建了淮北抗日民主根据地。至于东淝河，可以从三个成语来认识：风声鹤唳、草木皆兵、投鞭断流，是1600年前的“淝水之战”的发生地。以上三河皆流入淮河。关于流入长江的南淝河，我曾写过一诗一文，文曰《南淝河的绿》，诗曰《南淝河的马或落叶》，我想以此诗文代替我对南淝河的叙述。

合肥是一个流动波光，充满灵气的城市，南有长江，北有淮河，东、南淝河在此交集。北魏郦道元在《水经注》中说：“夏水暴涨，施合于肥，故曰合肥”。这里的“施”指古施水，即南淝河。

南淝河就横陈于我宅居的门前，我常于四季的时光里在她的岸上疾走或漫步。其两岸翠绿蜿蜒，一湾碧水绕流，穿城而过，像一只有力而浪漫之手，抱旧城于怀，自西至东再向南流，浩浩荡荡140余里，如柳叶、如新月，挑八百里巢湖烟波，夹岸的树是其绿长的睫毛，尽占合肥的神韵。南淝河的绿是立体的、多元的。高大的枫杨、刺槐竞势而上，雪松、红叶李、碧桃、海桐球随坡争植，林间野牛膝、爬根草等遍覆裸地。层林次第染绿，每次穿行于两岸，我都会被这生动的绿打动，让我仿佛和南淝河一起荡漾在古老的时光里。

绿是合肥土地的颜色，稻苗青青，鱼戏水草。在南淝河畔我常想，战争不仅是血与火，而是争夺绿，以及绿的土地。尤其是泛绿的石板、砖缝里透出青苔、河水里摇曳着的水草。合肥素有“淮有襟喉，江南唇齿”、“江淮首郡，吴楚要冲”之称，历为兵家必争之地。三国时期，魏吴逐鹿，在合肥争战了32年之久。《三国演义》第67回《曹操平定汉中地，张辽威震逍遥津》中的逍遥津就是南淝河的一处津渡。张辽在这次以少胜多的战役中一战成名，迫孙权骑玉龙马跃南淝河断桥逃生，粉碎了东吴攻占合肥、打通中原通道的企图。罗贯中的七言绝句曰：的卢当日跃檀溪，又见吴侯败合肥；

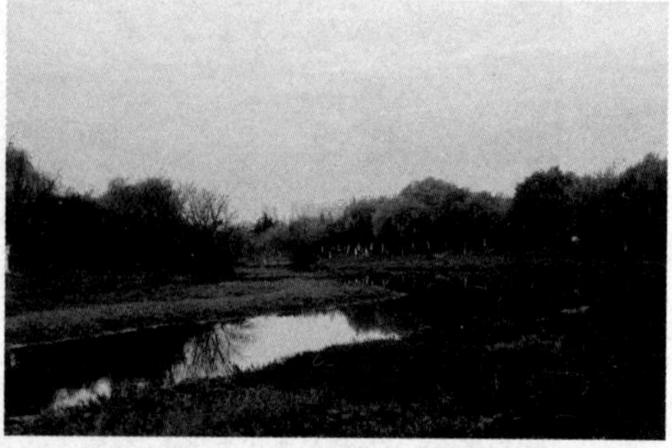

退后着鞭驰骏骑，逍遥津上玉龙飞。其实，离逍遥津一箭之遥还有一处古柏遒劲的遗存，就是曹操教练弓弩手的古教弩台。曹魏的弩箭在公元263年和280年分别射落了西蜀和东吴的旗幡。

李鸿章的家也住在淝河之滨，这位文华殿大学士的官宅坐北朝南，气势非凡，有“李府半条街”之说。李鸿章是晚清一朝汉人高官里最特别的，终身没有做过军机大臣，却以大学士加直隶总督、北洋通商事务大臣的特殊身份，纵横、统揽晚清政治、军事、经济数十年。19世纪60年代始，他为挽救清廷的内外危机，提出“外须和戎，内须变法”的主张，掀起“师夷长技”、“求强求富”的洋务运动，开办军用和民用工业，“稍分洋人之利”；改扩淮军，打造当时亚洲第一的北洋水师，推进了海军的进步，推动了中国近代化的历史进程。李少荃少年科举，壮年戎马，中年封疆，晚年洋务，一路扶摇，这个清廷最高级的“裱糊匠”一生挥洒“洋务”、“淮军”的豪华绿色，却无法修补满人百孔千疮的龙袍和清廷的“破屋”。我记得梁启超这样说过：我敬李之才，惜李之识，悲李之遇。这可以算是对他最中肯的评价了。

早李鸿章824年出生的包拯从小也生活在南淝河边上。这位色正芒寒、节亮风清的北宋监察御史已成为中国清正廉洁、不畏权贵、严格执法，敢打“老虎”的化身。他的祠堂是李鸿章筹资重建的，极具徽风皖韵，“包家祠堂李家修”是其廉政的一个佐证。被绿树和碧水环绕的包祠，绿色惊心，尤其是夏日，包河绿荷迎风，沁人脾肺。包河绿水之下的藕也是我最爱的时令佳肴之一，其藕每节七孔且无丝，暗合了包公断而无私的品性。

每次乘飞机飞翔在城市的上空，鸟瞰南淝河这条翡翠项链。每次驱车堆绿叠翠的南淝河双岸，我都想起曹魏与东吴在此争夺大地之绿，想起“裱糊匠”李鸿章在给清廷的破龙袍补绿，想起包拯维护的公平与正义之绿。我生活在这个生绿、流绿的南淝河边上，充满活力和想象。

（《南淝河的绿》原载于2011年4月25日《航空旅游报》）

附：《南淝河的马或落叶》

南淝河是合肥的眼波
是合肥胸脯上妖娆的刺青
时光的马踏水而去
孙权在魏的脸上留下的划痕
那是1800年前的夏月
南淝河波急云翻
呐喊声震两岸　马蹄踏灭燃烧的落叶

2009年以来
我常疾行于河岸的丛林
血液的马让我奔驰不止
哒哒的蹄声　震落四季的树叶
在奔驰的路上
我所有的目光都落于三丈开外
寻找深陷泥土的腐叶
那叶的经络的闪电　劈开空气
一瞬到东吴

我知道　没有什么火焰
可以照亮马蹄下腐烂的树叶
那嘶鸣的泥土
承载或埋葬八月的王朝
那是孙权的马　那匹叫做飞龙和惊帆的马
即使在四月亮丽的午后
我依旧能看到
旗的灰烬　和马蹄下
飞扬的落叶

（原载于2011年第4期《诗林》双月号）

东南名川

——钱塘江

忆江南，最忆是杭州，山寺月中寻桂子，郡亭枕上看潮头……儿时读白居易的一阕《忆江南》，知道了杭州，知道了钱塘江，知道了钱塘江的大潮。

钱塘江是浙江省第一大河，古名“浙江”，亦名“折江”或“之江”，河道曲折，束放相间，流经14个县市，注入杭州湾，河流呈羽状水系，是越文化的主要发源地之一。与世界上许多大江大河一样，素以“钱塘潮”闻名天下的钱塘江也存在源头之争。

“水出丹阳黟县南蛮中”，《汉书·地理志》首次提出论断；“浙江出歙县”，《后汉书·地理志》提出了新的论断；郦道元的《水经注》采用了《后汉书》的说法。此后，世人一直把新安江上游作为钱塘江的源头。20世纪30年代，又有人提出钱塘江发源于浙、皖、赣三省交界的开化县齐溪乡莲花尖，1979 年版的《辞海》沿袭了此说法。上世纪 70 年代末，几个专家进行了一次江源勘查，又提出新的意见，认为钱塘江源头应在安徽省休宁县龙田乡境内的龙溪，但不能服众，争论不休。1983 年和 1985 年，浙江省 14 名科技工作者两次对河源河口进行专门考察，并将考察结果发于 1986 年 1 月 3 日的《人民日报》，才一锤定音，向世人宣告：钱塘江正源是新安江，源头位于安徽省休宁县海拔 1600 多米的怀玉山主峰六股尖。入海口位置是浙江省海盐县的澉浦至对岸余姚市的西三闸一线，全长 605 千米。一场历时千年的源头论战从此画上句号。但河流全长到底是 605 千米，还是 688 千米，又有不同算法。

其实我们完全可以不管这些繁杂的考证，对于钱塘江，我们只需知道三个概念即可。一是新安江，二是富春江，三是钱塘潮。

新安江，发源于安徽徽州，今黄山市境内，是钱塘江的正源，全长 373 千米，被誉为“唐诗之路，清凉世界”。两岸群山蜿蜒，岗峦叠翠，山势殊态万千，谷多飞瀑流泉，江水全年澄碧见底，山色水光，四季各异。春天，两岸山花烂漫，红绿黄紫白，团团簇簇，俏丽多姿，令人陶醉。夏时，鱼翔浅底，直视无碍，三潭枇杷，青黄斑杂；秋日，枫树、乌桕树、白果树、红叶树等，红黄绿随意成片交错，赏心悦目。冬季，桔果压树，似红色宝石镶嵌绿色翡翠，令人眼花缭乱。唐朝诗人孟浩然曾为新安江写下千古名句：“湖经洞庭阔，江入新安清”；李白在此诗吟："清溪清我心，水色异诸水，借问新安江，见底何如此，人行明镜中，鸟度屏风里"。新安江之水，奇在无论深浅曲直，均清澈见底；无论春夏秋冬，皆皎洁如镜，果真是"奇山异水，天下独绝"。新安江水，常年恒温，保持在 12 ~ 17 摄氏度，像皖南的冰箱，又似徽州的空调，冬暖夏凉，尽显暖意爽趣。

新安江是古徽州文明的摇篮，古徽州虽地处皖南山区，山叠屏障，水却开放，并不闭塞，许多徽商就是由新安江这条黄金水道走向全国的。高山林、山中茶、低山果、水中鱼的立体生态格局，与掩映其间的粉墙黛瓦的古村落、古民居交相辉映，是画里青山，水中乡村，比漓江还美，比三峡还秀，构成一幅美妙的山水国画。

富春江是钱塘江上游，流贯浙江桐庐、富阳两县，长 110 千米，"自富阳至桐庐一百许里，奇山异水，天下独绝"；"水皆缥碧，千丈见底。游鱼细石，直视无碍。急湍甚箭，猛浪若奔。夹岸高山，皆生寒树，负势竞上，互相轩邈，争高直指，千百成峰。泉水激石，泠泠作响；好鸟相鸣，嘤嘤成韵。蝉则千转不穷，猿则百叫无绝"。吴均在《与朱元思书》中已有精彩绝伦的描写，再作任何描摹均属多余。

山水间古迹遍布，严陵问古、双塔凌云、子胥野渡、七里扬帆、葫芦飞瀑等名胜与秀丽的山水风貌相映生辉，如诗如画。历代文人墨客如谢灵运、李白、杜牧、孟浩然、范仲淹、陆游等 1000 多名诗人在游历了富春江后，留下了2000多首传世之作。元代著名全真派道士、画家黄公望的名画《富春山居图》，尽现了富春江的美妙风景，只可惜此画一分两半，一半在大陆，一半在台湾。游富春江，观山水如观画卷，“天下佳山水，古今推富春”。

据我所知，中国历史上最著名的涌潮有三处：青州涌潮、广陵涛和钱塘潮。世界上有涌潮的河流也很多，如南美的亚马孙河、北美的科罗拉多河、法国的塞纳河、英国的塞汶河等，但钱塘江涌潮的强度和壮观现象，除亚马孙河外，其他河流均无法与之媲美。亚马孙河的涌潮强度与钱塘江虽可一比，但钱塘江河口江道摆动频繁，涌潮潮景变化万千，这又是亚马孙河不能相比的，可以说钱江潮独占鳌头，无与伦比。

钱塘潮是天体引力和地球自转的离心作用，加上杭州湾喇叭口的特殊地形所造成的特大涌潮，是潮汐现象。钱塘潮分南阳钱江潮、交叉潮、一线潮、回头潮、半夜潮、丁字潮，每年农历八月十八，涌潮最大，潮头可达数米。海潮来时，声如雷鸣，排山倒海，犹如万马奔腾，蔚为壮观。观潮始于汉魏，盛于唐宋，历经 2000 余年，已成当地的习俗。北宋潘阆写了一首《酒泉子》，尽摹涌潮、观潮盛况："长忆观潮，满郭人争江上望。来疑沧海尽成空，万面鼓声中。弄潮儿向涛头立，手把红旗旗不湿。别来几向梦中看，梦觉尚心寒。"

中国山水画的摇篮

——楠溪江

儿时在父亲的书房见过一副书法条幅“停车坐爱枫林晚，霜叶红于二月花”，我知道是唐代诗人杜牧写的。初中时又读过宋代大文豪苏东坡的诗句：“自言长官如灵运，能使江山似永嘉”，知诗中灵运即指谢灵运，但仍不知诗人与蕴涵其中的地理人文关系。后来知道了楠溪江的秀丽，杜诗与苏诗都是在楠溪江畔写就的，永嘉是谢灵运的故乡。谢康乐一生陶醉山水，楠溪江的青山绿水更是激发了他的诗情，写下了大量传诵千古的名作，成为中国山水诗的开山鼻祖。

楠溪江位于浙江省雁荡山与括苍山之间，南距温州 23 千米，贯穿永嘉南北，水系全长 150 千米，流域面积 2420 平方千米。三百里流程 36 湾 72 滩，曲折摆荡，自北往南注入瓯江，流归东海。

以水秀、岩奇、瀑多、村古、滩林美而著称的楠溪江，江面宽而浅，江水清澈，游鱼卵石，透视无碍。滩林葱茏，夹岸有大批次生原始森林和珍稀树种，如银杏、闽楠、长叶榧、胡豆莲等以及松杉之类，浅山和丘陵上长满了油桐、油茶、板栗、柑橘和柿子。此地盛产杨梅，当地人称杨梅叫“楠”，楠溪江因此而得名。

楠溪江之水被誉为“天下第一水”，纯净柔和而无污染，含沙量仅为每立方米万分之一克，水质呈中性，PH 值为 7，达到国家一级水标

准。楠溪江水深除了少数深潭外一般都在 1 米左右，潭水平静而不阻滞，可乘竹筏漂流。晴日里泛舟江上，波光粼粼，远处青山葱茏，两岸滩林茂密，山水风光与田园情趣相融，别具一格。一次在友人陪同下夜游楠溪，前后渔火点点，空谷回荡渔歌阵阵，星光映水，月色空蒙，江水清澈入心，情怀缭绕，深感其意其质在漓江之上。

楠溪江两岸密布险峰奇岩，有绝壁奇观太平岩，深潭凝碧三角岩，天然盆景狮子岩，九丈奇峰朝天龟，溪中天柱石桅岩，峥嵘入云十二峰，屯兵扎营南崖寨……这些奇岩险峰不仅各具形态，且多生幽洞，清幽别致，奇妙无穷。其源头及中上游两岸，共有瀑布 50 多处。飞瀑叠叠，江面迷茫，如逢云雾过岚，变幻多姿而引人入胜。两岸 3 万亩滩林，葱茏多姿，空气清纯，让人感到空气是绿色的，这在中国江溪风景区中是绝无仅有的。

楠溪江不仅景色优美，而且至今还遗存着新石器时代的文化遗址，唐宋元明清时的古塔、桥梁、路亭、牌楼和古战场，保存着以阴阳风水构思而建筑的古村落；留存着大批完整的百家姓宗谱、族谱等。这些弥足珍贵的历史文化遗存，显现了我国古代“耕读社会”和“宗族社会”的大体风貌。在楠溪江沿岸的岩头中心景区内，还有大量的宋、明、清代的文化遗迹和构想奇特的村落。其中，著名的有以“纸、笔、墨、砚”文房四宝寓意规划构想而建的宋

代古村苍坡村，和以奇特的“七星八斗”规划构想而建的芙蓉村。

那次秋游楠溪江，我有幸吃了几条著名楠溪香鱼。此鱼仅三寸多长，体披细鳞，背黑腹白，肉嫩脂多，味鲜而无腥。游山水摇篮，食楠溪香鱼，咏谢（灵运）、王（羲之）、孟（浩然）、苏（东坡）之诗，不亦乐乎！

中国南北的界河

——淮河

小时候不知道天气预报里为什么总是提到“秦岭—淮河一线”，后来在地理课上知道了淮河是中国南方与北方的分界线，淮河以北属暖温带，淮河以南属北亚热带，自古以来就是中国南北方的一条自然分界线。

关于淮河的得名，流传着一段故事。3000 年前的夜空下，月明星稀，一轮孤月悬挂苍穹，月光似银，笼罩着一片蛮荒大地，一条大河剪开成片的芦苇与野草，静默地流淌。一群群美丽的短尾鸟栖息在河的两岸，静默地注视着河水远流。当地的百姓称这种群栖的短尾鸟，叫“淮”，“淮水”因此而得名。

中国最早的历史地理典籍——《禹贡》记载："导淮自桐柏"，第一次明确提出了淮河的源头在河南省桐柏县的桐柏山。历史上也曾把固庙视为淮河之源。由无数小溪汇合成小河，直到桐柏县城以西 15 千米处的小镇固庙，才开始形成河床。后来，经过多轮考察、论证，确定淮河发源于河南省桐柏山老鸦叉，全长约 1000 千米，流经河南、安徽、江苏三省，经宝应湖、高邮湖，在三江营入长江；另一路经苏北灌溉总渠和入海水道在扁担港入黄海，全长 163.5 千米；还有一路经洪泽湖淮沭河北上连云港市，经临洪口注入海州湾。淮河分为上游、中游、下游三部分，洪河口以上为上游，长 360 千米；洪河口以下至洪泽湖出口中渡为中游，长 490 千米；中渡以下至三江营为下游，长 150 千米。这条通江达海的河流，两岸支流众多，一

级支流多达 41 条。左岸有洪河、谷河、润河、颍河、西淝河、茨河、涡河、漴潼河、濉河等，还有大型人工河道新汴河和茨淮新河，一般都源远流长，具平原河道特征；右岸有史灌河、沣河、汲河、淠河、东淝河、窑河、小溪河、池河、白塔河等，均源于江淮分水岭北侧，流程较短，具山区河道特征。

淮河古代与黄河、长江、济水齐名，并称“四渎”，现是我国七大江河之一。淮河流域人杰地灵，是中华民族灿烂文化的发祥地之一，远古治水英雄大禹在此留下遗迹，生养了古代先哲老子、庄子、孔子、孟子等诸子百家；淮河流域物产丰富，素有“江淮熟，天下足”的美誉，“走千走万，不如淮河两岸”的谚语广为流传。悠久的治水历史、丰富的人文景观，无不闪烁着淮河两岸人民的勤劳与智慧。

桨声灯影的诗意之河

——秦淮河

“妾发初覆额，折花门前剧；郎骑竹马来，绕床弄青梅。同居长干里，两小无嫌猜。”少时读李白《长干行》，只知青梅竹马，两小无猜的出处，并不知长干里位于秦淮河畔，是秦淮河南岸的闹市。后来又读到刘禹锡的《乌衣巷》：“朱雀桥边野草花，乌衣巷口夕阳斜。旧时王谢堂前燕，飞入寻常百姓家”，依然不知乌衣巷、王谢堂是秦淮河岸的名居。直至读杜牧《泊秦淮》：“烟笼寒水月笼沙，夜泊秦淮近酒家。商女不知亡国恨，隔江犹唱后庭花”，才明确知道秦淮河的芳名。

其实，秦淮河的大名，也正是从唐朝诗人杜牧《泊秦淮》这首诗开始流传并固定下来的。秦淮河古称龙藏浦，后称淮水。楚威王时一次东巡，望金陵上空紫气升腾，以为王气，于是凿方山，断长垅为渎，入于江，后人遂误认为此水是秦时所开，所以称为“秦淮”。

秦淮河是长江下游的一条支流，全长 110 千米，大部分流经南京市境内，是南京最大的地区性河流，被南京人视为“母亲河”，其中流经南京城内的一段被称为“十里秦淮”。秦淮河有两源，一南一北，北源句容市宝华山南麓句容河，南源南京市溧水县东庐山溧水河，两河在南京市江宁区方山埭西北村汇合成秦淮河干流，绕过方山流入南京市区。秦淮河在南京城东南通济门外九龙桥处分为内、外两支，内秦淮为正流，最后经过夫子庙，从西水关出城；外秦淮在南京城南外绕行，是五代十国时开凿的护城河，经长干桥后向西，在西水关外与内秦淮合流，汇入长江。

秦淮河是南京古老文明的摇篮，东吴以来一直是繁华的商业和居民聚集区。六朝时商贾云集，文人荟萃，儒学鼎盛，名门望族争相迁住。隋唐以降，渐趋衰落，成为文人墨客凭吊的场地，王谢堂前的燕子开始飞入寻常人家。宋代时始逐渐复苏，成为江南的文化中心。明朝时更加繁华，明太祖朱元璋又下令元宵节时在秦淮河上燃放小灯万盏，盛况空前。史书记载“秦淮灯船之盛，天下所无。两岸河房，雕栏画槛，绮窗丝障，十里珠帘”。吴敬梓在《儒林外史》中写道：“城里一道河，东

水关到西水关足有十里，便是秦淮河。水满的时候，画船箫鼓，昼夜不绝。”明末清初，十里秦淮，秦淮八艳的轶事流传甚广。一时桨声灯影构成一幅如梦如幻的繁华奢靡的人间美景。到了近代，由于战乱不断，

秦淮河渐渐淤塞，新中国成立后开始疏通整治，近年来南京市政府精心修葺，规定在秦淮风光带内的所有建筑物全部都要按照古秦淮风格设计，无论是修旧还是建新，一律要遵守这一规则，重现了当年白墙黑瓦，飞檐翘角的特色，成为江南古建筑的代表。经过修复的秦淮河风光带，以夫子庙为中心、秦淮河为纽带，包括瞻园、夫子庙、白鹭洲、中华门，以及从桃叶渡至镇淮桥一带的秦淮水上游船和沿河楼阁景观，可谓集古迹、园林、画舫、市街、楼阁和民俗民风于一体的旅游线，极富情调和魅力。

一条秦淮河流淌千年梦幻。十里秦淮，六朝金粉；盛衰得失，云卷云舒；爱恨情仇，花开花落，一水秦淮呈现人生百态。王羲之、王献之、王导、谢安、李白、杜牧、刘禹锡、吴承恩、唐伯虎、郑板桥、吴敬梓、翁同龢、张謇、柳如是、顾横波、马湘兰、陈圆圆、寇白门、卞玉京、李香君、董小宛、朱自清、俞平伯……多少风流人和事，尽被雨打风吹去。

惊鸿游龙般的洛神

——洛河

才高八斗的曹植在《洛神赋》中这样形容洛河之神：其形也，翩若惊鸿，婉若游龙，荣曜秋菊，华茂春松。髣髴兮若轻云之蔽月，飘飖兮若流风之回雪……自此之后，洛河名声大振，令人向往。

儿时读书就知道洛河是流经古都洛阳的一条河，知道一些关于洛阳、洛河的词语和典故，如洛阳纸贵、七步赋诗、河图洛书、程门立雪、王祥卧冰、乐不思蜀、覆水难收以及鲤鱼跳龙门，等等。读大学时，我利用暑假徒步考察了洛河，始知不少洛河的历史与文化沉淀。洛河流域是中华民族文化发祥地之一，渑池仰韶文化等多处新石器文化遗址广泛分布，是公元前21世纪的夏王朝活动的中心地区，偃师二里头商代文化遗存的所在地。流域土地肥沃，水源充沛，也是中国原始农业起源最早地区之一。远在七八千年前即有谷物种植和畜牧业，周朝已有水利灌溉，东汉、隋、明、清代继有发展。洛河的文化、历史和经济，像洛水一样源远流长。

洛河古称雒水，在黄河流域有两条河流称作“洛河”。一条是黄河下游南岸的一条大支流，位于河南省西部，源出陕西省洛南县洛源乡的木岔沟，全长453千米，入黄河。一条是黄河下游北岸支流，位于陕西省北部，是渭河下游的支流，长达660千米，入渭河，人称北洛河。那年夏，我溯流而上，到达了洛河的源头——位于洛南县西陲洛源镇境内

秦岭深处的龙潭沟，距洛南县城仅 65 千米，是洛南县境内最大河流、也是洛阳市唯一流入黄河的河流。唐朝诗人裴夷直曾这样赞美洛河之美："清洛半秋悬璧月，彩船当夕泛银河。苍龙颔底珠皆没，白帝心边镜乍磨。海上几时霜雪积，人间此夜管弦多。须知天地为炉意，尽取黄金铸作波。"其实洛河之美，美在源头。源头流泉淙淙，悬崖飞瀑；原始森林附坡而上，青藤倒垂，碧萝织绕，野竹遍布，茂密满山，奇花异草，目不暇接；峡谷旁青苔如茵，时有草坪铺陈，奇石古树相交杂生，清泉从茂盛草丛下流过。飞鸟的鸣叫声穿透密林，微风过处，松涛滚雷，花香弥漫，长约 5 千米的龙潭沟让人恍如隔世。洛河源头以其幽闭、险峻、雄奇、秀美吸引着无数旅游探险者。最近听说，当地政府已在沟内修建了蜿蜒小路方便游客前去游览观光。

洛河源头所处地山体复杂，河流众多，奇石资源丰富。河滩上，大石似山林，小石如海滩，这些岩石历经千万年冲刷，形态独具，白如玉，青似黛，色韵兼美。这种自然形成的观赏石，当地人叫源头石，见光则如鉴照人，浸水则油滑鲜亮。或灵秀，或顽朴，意韵生动，内涵丰富。源头石还以其石色秀丽，质地细腻，纹理自然流畅，硬度较大，形态玲珑别致，极具鉴赏价值。在洛阳一个朋友家里，我见到了极有特色的源头石，像金钱石、硅化木、千层石、日月石、梅花石、珊瑚虫化石等，真是羡煞人也！

在洛河畔，没见着洛神，我见到了美。

一曲自然而舒展的交响曲

——汀江

我第一次知道汀江，始于毛泽东的一阕《清平乐·蒋桂战争》，词曰："红旗跃过汀江，直下龙岩上杭。"毛主席亲率红四方面军主力，粉碎了国民党军队对井冈山根据地的围剿。毛词所指的汀江，就是发源于武夷山南段东南一侧的宁化县治平乡境内木马山北坡的汀江。

汀江，是中国河流地理最特别的河流，"天下水流皆向东，唯有汀水独往南"。全长220多千米的汀江，像一条逶迤在闽西客家境地的玉带，默默地向南流过长汀、武平、上杭、永定四县，最后在广东省三河坝与梅江汇合成韩江，注入南海。因它的流向从北向南，按八卦方位，称为“丁水”，后“丁”加水成“汀”，成了“汀江”。汀江流经县福建省长汀县也因此得名。

汀江流域是“客家人的摇篮”。这片最早时莽莽苍苍，瘴气弥漫的南蛮荒芜之地，古时属闽越。东晋时，中原地带的客家先民，为了逃避战乱等其他原因，先后五次大规模地南迁，聚居汀江流域。客家民系虽然只有短短的几百年历史，但一条汀江促进了其体系的真正形成。经过数代“客家人”的辛勤开发，再加上汀江两岸土壤肥沃，气候宜人，汀江流域成为客家人生息繁衍的乐土。

穿流在崇山峻岭中的汀江，雨量充沛，水运发达，自古以来就是“客家人”灌溉农田的源水，后来地方官员与民众一起疏通河道，通航条件大大改善，刺激了当时生产力水平的极大提升，汀江也成为维系赣闽粤边区的经济的命脉。上杭境内的汀江，河面宽阔，水量丰盈，被誉为“黄金水段”，航运十分发达。民间有句俗语：“上河三千，下河八百”，意思是汀江上有成百上千艘船在上杭回龙至峰市之间航运，极大地推动了这个原本地理偏僻，信息闭塞的地区与外界的联系，丰富的物产也得以集散，当地经济得到了快速发展，“客家人”的人脉也像汀江一样得到传承。

汀江流域自古以来人杰地灵、文物荟萃，从文学、艺术、医学到其他各个领域，产生了众多杰出的人物，留下了卷帙浩繁的珍贵文献和史料。如上杭被誉为“文化之乡”和“书画之乡”。凝聚客家人智慧和力量结晶的永定土楼，神奇而优美，被称作“中国民居园中的奇葩”。土楼所蕴藏着的深层次的客家文化，若一串古远宁静之梦，凝固于苍茫的山野，似一个浑圆而深邃的谜，弥漫着建筑史上的神奇。

历经千年造化的汀江，山峦奇特，江水清澈，既有三峡之奇，又有漓江之秀。汀江龙门堪称世界上名副其实的“龙门”。人们只知山西河津龙门与河南洛阳龙门之大名，其实二者皆为大河两岸壁立的悬崖，并非真正有“门”，唯独汀江龙门是真正的“龙门”。汀江水被山峦挡断去路，激流四处寻路，终于从帽盒山脚下的一个天然石洞中奔涌而出，向南流去。于是，时人在石洞悬崖上镌刻“龙门”二字。一首古诗形象地写道：“天生一个龙门洞，千里汀江一线穿。”

汀江之美引来历代文人骚客的众多吟咏，像唐朝的张九龄、韩日华、蒋访、元自虚，宋代的陆游、宋慈、陈轩、郭祥正，明代的宋臣、徐中行，清代的周亮亮、纪晓岚，等等，都写下赞美汀江的诗文。近代客家诗人丘逢甲的一首赞美上杭城和汀水的《咏上杭》，更是使汀江名声大振：“东南山豁大河通，汀水南来更向东；四面青山三面水，一城如画夕阳中。”

汀江，这条充满母性之河，是哺育“客家人”的乳汁，是“客家人”力量的源头。汀江奉献给世人的不仅是神奇的山水，更多的是一种在流动中或融合或新生的文化。

秀美雄浑之河
——闽江

闽江，是一条先分后合，再分再合，又合又分的河流，像一根秀丽而雄浑的珠链绕缠在八闽大地上。闽江的三大主要支流建溪、富屯溪、沙溪在南平市附近汇合后称闽江，穿过沿海山脉至福州市南台岛又分南北两支，至罗星塔后又复合为一，折向东北，在马尾亭江附近又分为两支，绕琅岐岛后注入台湾海峡。

闽江是中国福建省最大河流，以沙溪为正源，全长577千米。但按照《中国国家地理》的说法，全长为541千米。关于它的源头也有多种说法。一说发源于福建、江西交界的建宁县均口乡；一说发源于武夷山脉杉岭南麓。上世纪初，福建省闽江流域规划开发管理办公室先后两次组织闽江江源考察队，对闽江江源进行考察，经过分析比较，根据“河

源唯远”的原则，最后确认，台田溪为闽江正源，源头至闽江入海口，全长562千米，并在源头处的峭壁上镌刻“闽江源”三字摩崖石刻，现在成为旅游和科考的好去处。

闽江支流众多，南平以上有沙溪、富屯溪、崇阳溪、南浦溪、松溪、建溪；南平以下有尤溪、古田溪、梅溪、大樟溪。水量丰沛，多年平均径流量为1980立方米/秒，流域面积达623.70亿立方米，在中国主要河流中居第12位，但闽江的年平均径流量居全国第七位，水量比流域面积大其11倍多的黄河还大。

闽江既是一条既秀美之河，又是一条雄浑之河，两岸黛山夹峙，风光怡人。唐朝诗人黄滔在其《辞相府时蒙堂帖追赴阙》一诗中赞道：闽江似镜正堪恋……元朝诗人倪瓒在闽江边送别友人时吟道：闽江之水清涟漪，隔江名园多荔枝。宋朝诗人叶茵则以闽江山水志情：闽江闽山相对青，照人肝胆寒如冰。其上游素有“绿色金库”之称，优越的生态环境，使得林木迅速生长，树木种类繁多，仅木本植物就超过1200

种，其中，杉木储蓄量为全国之首。闽江的自然风光与人文景观交相辉映，充分体现了闽江文化的深厚内涵。有福建省最大的古民居——坐落在闽清县、建于清乾隆十九年（1754 年）的四乐厝轩，有世界自然、文化遗产之称的武夷山，有国家地质公园之称的泰宁大金湖、中国四大名洞之一的将乐玉华洞，有国家重点风景名胜区永安桃源洞。顺江而下还有南平九峰山、延平湖、福州金山寺、江心公园、罗星塔、金刚腿、青芝百洞山等名胜古迹。有闽越王城、建窑、汉城、宋窑、大型明清民厝等众多人文历史遗迹。这片物华天宝，人杰地灵的水域，诞生了理学大家朱熹、奉旨填词白衣卿相柳永、法医鼻祖宋慈、虎门销烟林则徐、闽学鼻祖杨时、抗金名臣李纲、《九阴真经》创作者黄裳、大数学家陈景润、文学名家冰心等等许多名人。

闽江，八闽大地熠熠生辉的流动的玉带。

白雾笼罩的河

——瑞丽江

瑞丽江是一条走过激荡、壮丽历程又回归平静的绮丽的江河。

从腾冲县高黎贡山西侧的分水岭出发，穿越高山幽谷，湍急的水流如脱缰野马般冲出龙江峡，奔腾而下。行至莫里峡谷，瑞丽江又放慢前行的步伐，时而惊涛拍崖、涛声雷吼，时而如激烈争斗后平静的战场，静谧地向南缓流。它似一把宝剑劈开山岩和空气，让无数似兽似鸟 像人像树的石钟乳和熔岩堆积物，林立两岸，让人感到水不在变化，壁崖在变化；壁岸不在变化，时光在变化。像历经生死抗争的青年，徜徉在夹江相迎的葱郁草木与火焰般热烈的木棉花里。悠缓而有力的水流边，那一根根裸露在岩土之外的树根，盘根错节，缠绕着、捆束着岩壁，让人震撼，让人感受到大自然的神奇与力量。至瑞丽坝子后，水流变得平和、舒缓，似傣族少女般温柔曼妙。而真正的瑞丽江也是从潞西遮放汇入芒市河后才开始的。

瑞丽江，傣族称为南卯江，历史上又叫麓川江。因流经勐卯，也叫勐卯江。瑞丽江，傣语意为“白雾笼罩的河”，原意为金水河。一直到清光绪二十年（1894 年），汉文典籍里才首次将它称为“瑞丽江”。瑞丽江穿山破谷后，在瑞丽境内流淌 53 千米，流经祖国西南“最边远的一块国土”——弄岛，进入缅甸中东部，汇入伊洛瓦底江，注入印度洋的孟加拉湾。

饱览瑞丽江的俏丽风光，最好的办法就是顺江漂流。遮放坝以下 50 千米内江面，皆可以泛舟漫游，而且不同的江段，风景各异。

行舟瑞丽江，可以分明地看到三段不同特色的景观。遮放段，属平坝河流，两岸平畴沃野，椿树立群；傣家村寨的里里外外凤尾竹、亚热带果木遍地皆是，一派边疆田园风光。畹町段，成了峡谷河流，江面最窄处仅 100 米，最宽处也不过 200 米，江流平缓。江流一侧是莽莽苍苍的热带雨林（莫里风景区就在这里），另一侧则是千姿百态的熔岩奇观。热带雨林这一侧紧靠昆（明）瑞（丽）公路，橡胶树、香蕉树一望无际；山谷中，高大挺拔的木棉，满树彤红。另一侧，全是经数百万年的侵蚀陡壁峭岩，钟乳石千奇百怪，清泉泠泠，山光水色呈映这古老时光和地理。瑞丽段与遮放段相似，属平坝河流，但与狭窄的畹町段相比，视野顿然开阔，使人身心一阔，神清气爽。瑞丽段基本上都是中缅两国界河，一边是我国傣族和景颇族的幸福家园，一边是异国风情的别国他乡。在这一段漂流，你会不时遇见缅甸的村民划着小舟和竹筏，或驾驶着机动船在江面上穿梭。成群的野鸭、白鹭、灰鹤、小鸥、翠鸟在云水间翱翔、翻飞。黄昏时分，晚霞映照江面，粼粼的江水泛着金光。这个时段，你会很容易看到傣家女在江边洗浴、嬉戏，欢笑声随着江水流向远方。

瑞丽江，吉祥、美丽的江。

中国最长的内流河

——塔里木河

据我所知，世界上长度超过塔里木河的内陆河只有四个，即3530千米的伏尔加河，2991千米的纳伦河，2991千米的瓦赫什河和2428千米的乌拉尔河。塔里木河，全长2179千米，是世界是第五、中国第一大内陆河，其流域极其广阔，比黄河流域还多30多万平方千米，约有10个浙江省那么大，还相当于德国、意大利、日本三国面积的总和，几乎占了中国国土面积的三分之一。

塔里木河环流于塔里木盆地的北半部。上游有三源，分别是天山的阿克苏河、发源于喀喇昆仑山的叶尔羌河以及和田河。三条河在阿瓦提县肖夹克附近汇流后，始称塔里木河，穿过塔克拉玛干沙漠东部，最后流入台特马湖。帕米尔高原和昆仑山上的冰川雪水成为它绵延2179千米的唯一水源。塔里木河在古突厥语中的意思是“注入湖泊、沙漠的河水支流”或“沙中之水”，梵文称塔里木河为sita。维吾尔语有双重之意：因塔里木河上游地区多为起伏不平的沙漠地带，来自于冰山的融水含沙量大，河水很不稳定，被称为“无缰之马”，二是该流域土地肥沃，被称为“田地”、“种田”。《新唐书》称之为思浑河。《西域图志》

和《西域水道记》称之为额尔勾果勒，古希腊地理学家托勒密在其著作《地理志》一书中称之为奥伊哈尔德斯河。称呼不同，但都反映两种相同的状况，一是塔里木河浩浩荡荡形成一线“水上迷宫”，穿流于塔克拉玛干沙漠，注入内陆河；二是塔里木河河道曲折，岔流众多，两

岸胡杨林浓荫蔽日，形成天然绿色长廊，加之河道含沙量大，冲淤变化频繁，河流经常改道，在中游地区造成南北宽达百千米左右的冲积平原，沃野千里。虽然塔里木河只是一条两千多千米长的内陆河流，地处西部边疆，流经大漠荒原，自生自灭，默默无闻。然而，塔里木河却是一条独具个性、不同凡响的河，它在历史上一直担负着一个重要的角

色，是历史上丝绸之路上重要的生命线，是保障塔里木盆地绿洲经济、自然生态和各族人民生活的“生命之河”、“母亲之河”。

塔里木河是一条野性之河，一路散发出超凡脱俗的原始韵味，蜿蜒于亘古荒原，流淌出如诗如画的景致来。如同胡杨林的静默守望的叶子，年复一年呈现着充满力量与优雅的节奏。酷热的夏季来临时，积雪、冰川溶化，河水流量急剧增长，塔里木河就像一匹“无疆的野马”奔腾咆哮着穿行在万里荒漠和草原上。寒水澎湃，涛声震天，漫溢横流的河水使干涸中等待了一年的胡杨树的叶子舒展开来，高大的树干重又现出强壮的英姿。红柳伸展出柔韧的枝条，沙枣花散发出浓郁的奇香，荷兰郁金香在河水的滋润下又一次绽开了美丽的花苞，林挂青果，藤坠葡萄。野鹿也回到河边饮到了清醇的淡水。鸟的翅膀又一次掠过欢腾的浪花。洪山惊散了河谷里徜徉的野兔、羚羊，塔里木大头鱼欢快地在潮头跳跃……充满青春活力和浪漫激情的塔里木河，像一条绿色飘带，不失时机地散落在塔克拉玛干大沙漠庞大的躯体上，使亘古荒漠顿时变得生机盎然。

行文至此，我想起了那年八月在塔里木河畔观看初升的太阳和让我欲哭的落日，我甚至不愿离去，等待惊心的新月。塔里木河就那么孤寂地守望着，守望着阳光下通体明亮、一片金黄的沙漠，始终是那么宽厚和博大、温存和热烈，无私地把流淌的清凉给予了沙漠、绿洲和大地。

在塔里木河畔，人是渺小的，静止的，又是灵动的，有一种巨大而漫长的历史苍凉感。感到万古一瞬，感到一瞬万古，感到坚守的伟大。

中国唯一的西流之河

——伊犁河

我最早知道伊犁河一是始于历史书上虎门销烟的林则徐。1839年林则徐在销毁237万6250斤鸦片后，被腐败无能的清政府革职并遣戍流放伊犁；二是来自一篇文章《伊犁河》。这篇散文是汪曾祺写的，汪被誉为“中国最后一个士大夫”和京派作家的代表人物。从那时起，我对伊犁，对伊犁河开始神往。但直到2005年我才一睹伊犁、伊水的真容，解除了少时缠绕的情结。

汪曾祺在《伊犁河》这篇散文中劈头写道：“人间无水不朝东，伊犁河水向西流。河水颜色灰白，流势不甚急，不紧不慢，汤汤洄洄，似若有所依恋……”，在充分展示汪氏文风的同时，轻巧地点明了伊犁河的特点和风貌。伊犁河又称列水、伊水、伊丽水，位于伊宁市郊16千米处，它是中国流量最大的内陆河，全长1500千米，在中国境内流程

422 千米后，自东向西在中哈边境的霍尔果斯河口流出，最后注入哈萨克斯坦名湖巴尔喀什湖。伊犁河河面开阔、风光奇秀，是中国唯一一条与众不同的河流——它不是一江春水向东流，而是一水孤寂向西流。

伊犁河上游有三大支流：特克斯河、巩乃斯河和喀什河。特克斯河是主源，发源于汗腾格里峰北侧。伊犁河向西流至伊宁途中仅有喀什河流入，但进入宽大的河谷平原后，河床变得宽阔起来，支流不断增加，渠系纵横。在接纳右岸的霍尔果斯等河后进入哈萨克斯坦，最后注入巴尔喀什湖。伊犁河的中、下游水流平缓，在我国境内雅马渡至国境段可

通航汽轮。在伊宁附近河床宽达 1 千米以上，河滩漫布，水流分叉，多沙洲岛屿，风景秀丽，是人们夏日避暑休息的好去处。我有幸在 2005 年夏天，在伊犁河畔，煮鲜鱼、烤羊肉，开怀畅饮，然后在草地上与不

同民族、不同区域的游客一起歌舞嬉戏，围着点点篝火，仰望点点繁星，在凉爽的夜风中，尽情领略塞外野趣。

第二天早上，我独自来到伊犁河畔。漫步河堤，伊犁河水哗哗作响，由东向西缓缓流淌。河水泛着阵阵波光，从我的眼前流向霞光一片的远方。河对岸，古朴的维族人家和宁静的清真古寺在晨光中如一幅中世纪时油画。一瞬间，我仿佛觉着古老时光和历史沧桑的印痕就在伊犁河畔浮现，就在我的身旁相伴。远处，一群皮肤黑黑的孩子从简易的木桥上面高高跃进水中，阳光下的笑声、尖叫声和溅起的水花，让宁静的塞外增添了生机和活力。恍惚间，岸边透彻、潮湿的空气将我拉进了现实。

其实，傍晚是伊犁河最美的时光。当天色渐渐暗去，夕阳逼近了地平线，河水与天光一色，迂回而宽阔的伊犁河水宛如延伸出一条弯弯的彤红柔和的水袖，在寂静的塞外招摇，抚慰远游的人们。而这时，你会感觉天边不再遥远，也不会感到孤独，胸中泛起阵阵的暖意。

晚霞顺着水流回到了它的来处，你的心也回归到最深的宁静。站在伊犁大桥上，远望耸立的雪峰，顾盼河岸绿荫，你会感到河水是流动的，天空却是静止的，伊犁河是一条流淌哲学之河，似乎物我两忘，天人合一。你也当然会想象自己与“伊桥落日”融为一体了。

但是，在伊犁河畔，可以忘我，但忘不了历史的沧桑。在伊犁河水沉缓的声响中，我想起了唐代西征大军和成吉思汗的蒙古铁骑曾凭着木头、木筏泅渡滔滔伊犁之水；又想起了林则徐，想起他大病初愈后写下的“苟利国家生死以，岂因祸福避趋之”的千古名句。遇难而不轻言放弃，处江湖之远，而不忘忧国忧民，情怀之高，心志之坚，像曲折奇美、沉缓有力的伊犁河水一样，令我胸涌波涛，也令我力量倍增。

中国唯一流入北冰洋的河

——额尔齐斯河

第一次去新疆时，就听当地的一位“哈萨克”告诉我一个关于额尔齐斯河的传说。相传很久很久以前，在阿克塔拉草原住着一双能歌善舞、心地善良的孪生姐妹，被誉为草原上的并蒂雪莲。突然有一天狂风大作，飞沙走石，魔王抢走并企图霸占两个姑娘。刚烈而机智的姐妹俩刺伤了魔王，魔王震怒，将她俩分别掷在两座山顶上。饥寒交迫，孤苦无援的姐妹俩，在孤峰上愈加怀念父亲和家乡。她们昼夜哭泣，热泪融化了积雪，变成了溪流，形成了两条大河向西流去，似乎要到阿克塔拉草原与父老乡亲会面。可魔王又施魔法，搬来一座山堵在两河之间，

于是一条河注入盆地成为布伦托海，另一条河绕过大山，转流往西……人们为了纪念这对美丽勇敢善良的姐妹，便将这两条河分别以乌伦古和额尔齐斯两个姑娘的名字命名。多么令人心碎的传说呀！但美丽姑娘的泪水流成的清纯而柔情之河，又是多么令人神往啊！

在新疆，我还听到额尔齐斯河的另一个传说，不，应该说是神奇之处，就是自古有送子河的说法。额尔齐斯河的水源主要来自阿尔泰山上的冰雪融水，而所融的雪水中含有大量的重氢元素，长期饮用含重氢的

河水会使女性的内分泌紊乱、排卵量少。但奇怪的是，对于不孕的妇女来说，却是催孕的药水，送子的神水。就连额尔齐斯河两岸的鸡、鸭、鹅等家禽，也因饮用额尔齐斯河水，产蛋量高于其他地区。嘿嘿，真是不可思议。

这条发源于阿尔泰山东段南麓的神奇之河，全长 2969 千米，在中国境内 546 千米，流域面积 5.7 万平方千米。山间有两支源头在分别曲折后，合二而一——喀依尔特河和库依尔特河并流成为额尔齐斯河。一路向东南奔流，冲出山谷，在库额尔齐斯东南处，遭受断裂带与地势倾向的制约，这条刚烈之河以垂直的角度急转进入低山丘陵区，向西北冲出国界，经俄罗斯的鄂毕河注入北冰洋。中国的外流河几乎都终归太平洋，只有额尔齐斯河自东向西流入北冰洋。这，也是额尔齐斯河的奇异之处。

额尔齐斯河在行进途中，将喀拉额尔齐斯河、克兰河、布尔津河、哈巴河、别列则克河等纳入怀中，水势浩荡，年径流量非常惊人。河中冰雪融水缥碧，两岸远处雪峰夹峙，金山银水，风光壮美。河床上巨砾重叠，银波翻腾；河谷中次生林宛若一条绿色飘带，镶嵌在荒漠戈壁

上。尤其是北屯河段的河谷，次生林生长茂密聚翠，绵延成一片绿色海洋。额尔齐斯河孕育了世界四大杨树派系，即白杨、胡杨、青杨、黑杨，成为世界上少有的“杨树基因库”。也只有在额尔齐斯河才能观赏到这一全国唯一的天然多种杨树林自然景观。下游则呈现一派“大漠水乡”的壮丽图景——布尔津河和哈巴河两河河床中心沙滩铺呈，碧水茫茫，河谷中沼泽密布，水草丛生，阡陌相连，绿树成荫，经常出现大批的科考家、漂流者、旅游客。

额尔齐斯，是准噶尔语“峡”的译音。到额尔齐斯河，一定得进入额尔齐斯河大峡谷——这个因1931年8月11日大地震构陷的大裂谷。1931年的这场几乎影响全球的八级大地震，造就了长达176千米的地表地震断裂带，额尔齐斯河便是自那时起从这条深山峡谷间浩荡流过。峡谷两岸，众山分列，遍布裸露的花岗石壁，神钟山、飞来峰、骆驼峰、神象峰、神鹰峰、小石门、人头马面等无数的奇峰怪石，有的呈钟状，有的呈穹状，有的呈锥状，各具神态，令人遐想。峡谷内，杉树、松树、桦树和杨树遍生，河中叠石湍流，大自然以它的鬼斧神工造就了雄奇、瑰丽的绝世地貌与风物，为人类勾勒出一幅幅自然而流畅、神奇而粗犷、苍凉而静幽的山水画卷。

在额尔齐斯河畔，我忽然记起长春真人丘处机写过的一首诗：金山南面大河流，河曲盘桓赏素秋。秋水暮天山月上，清吟独啸夜光球。此诗尽抒了对额尔齐斯河的秋夜风光和苍沉的热爱之情。我进而又想起成吉思汗曾 6 次出征，6 次在此河畔休息、整军。我当然忘不了那对孪生姐妹——额尔齐斯河如此奇美是不是因为她们的秀美、聪颖，她们的坚贞不屈呢?!

大地上的天河

——雅鲁藏布江

说起雅鲁藏布江，就让人想起冰雪的寒流，想起高原，想起雪域西藏。是的，这条被藏族人视为“摇篮”和“母亲河”的西藏第一大河，自西向东奔流于“世界屋脊”——青藏高原南部，是世界上最高的大河，也是中国坡降最陡的大河。它从海拔5590米的河源区——杰马央宗曲和库比藏布两河流出，经印度、孟加拉国注入孟加拉湾。一河流三国，因而，它又是一条流淌佛法的国际性河流。

雅鲁藏布江全长2900多千米，中国境内长2057千米，在中国的名流大川中位居第五，但其天然水能蕴藏量达7911.6万千瓦，仅次于长江，居中国第二。在藏语中，雅鲁藏布江意为“高山流下的雪水”，梵语中意为“梵天之子”，既点出了雅鲁藏布江源头、原流和态势，又点

明了雅鲁藏布江在藏人和藏传佛教中的神圣地位。

与世界上其他大河一样，雅鲁藏布江也可以大体上分为上、中、下游三段。上游河谷宽阔，水流平缓，形成许多的江心湖和岔流，两岸大片沼泽栖息着许多不惧寒冷的水鸟。其上游穿行在南面的喜马拉雅山和北面的冈底斯山之间，像一条银色缎带，铺展在烟云缥缈的雪山脚下。弯弯曲曲的河流把无数晶莹夺目的小湖泊穿缀在一起，雪山、河流、湖泊天然组合，铺呈在一望无际的翠绿的草地上。

河谷两侧的高蒿、草甸，是沼泽中摇曳的生命，是寒冷时节的牛羊的食粮，也是雅鲁藏布江上游独有的冬春牧场景观。而在有的河段，坦荡的谷地上则广布着紫花针茅和蒿子，呈现一片黄绿色的景象，是天然的夏季牧场。雅鲁藏布江四季轮回，无时不在哺育着雪域的生灵。

人烟稀少的河谷，是动物的乐园，藏羚羊、岩羊、野驴、牦牛、熊、狼、狐狸、鼠、兔等多种动物在此悠闲徜徉；西风将沙丘搬运堆积起来，形成巨大的黄灰色新月形沙丘。大自然在生存与死亡之间部署了天堂般的格局。这是上游的景致。

下游段，蓝绿色的江面和金光灿灿的沙洲相间，构成特有的辫状水系。高峡深谷，水流湍急，两岸陡壁悬崖，中间流急浪高，水势奔腾咆哮，谷坡以崩塌为主的物质移动十分强烈。最有名的是桑日县的加查峡谷。江流以雷霆万钧之势奔流而下，激起一串串乳白色的浪花和水雾，令人惊心动魄！雅鲁藏布江一泻千里，它的中上游河谷却始终严格地保持着东西方向，只是到了它的下游才突然作出奇特的转折，形成大拐弯峡谷。

从拉萨乘坐班车到林芝，然后从八一到排龙，之后，徒步由排龙到札曲游览雅鲁藏布江大转弯和世界上最深的峡谷，再由札曲到排龙，最后可以乘车由排龙到米林，由米林到山南地区的加查，就可以遍览雅鲁藏布江大峡谷风光了。雅鲁藏布大峡谷是地球上最深的峡谷，世界第一大峡谷。有人将其特点总结成 10 个字：高、壮、深、润、幽、长、险、低、奇、秀。高：高达 7782 米的南迦巴瓦峰和高达 7234 米的加拉白峰，耸立两岸，巍峨挺拔，直入云端。峰岭上冰川悬垂，云雾缭绕，气象万千。壮：从空中鸟瞰，在东喜马拉雅山无数雪峰和碧绿的群山之中，雅鲁藏布江硬是切出一条笔陡的峡谷，穿越高山屏障，围绕南迦巴瓦峰作奇特的大拐弯，南泻注入印度洋，其壮丽奇特无与伦比。深：在南迦巴瓦峰与加拉白垒峰间的雅鲁藏布江大峡谷最深处达 5382 米，其深度远远超过深 2133 米的科罗拉多大峡谷，深 3200 米的科尔卡大峡谷和深 4403 米的喀利根德格大峡谷。润：受印度洋暖湿气流的影响，大峡谷南段年降水量高达 4000 毫米，故整个大峡谷地区异常湿润，是青藏高原上最大的水汽通道。两岸布满了郁密的森林，形成了世界上生物最丰富多样的峡谷。幽：雅鲁藏布江大峡谷林木茂盛。由于地势险峻、交通不便、人烟稀少，而且许多河段根本没有人烟，加上大峡谷云遮雾

罩、神秘莫测，所以环境特别幽静。长：雅鲁藏布江大峡谷以连续的峡谷绕过南迦巴瓦峰，长达 496.3 千米，比号称世界“最长”的大峡谷——科罗拉多大峡谷还长 56 千米。险：雅鲁藏布江大峡谷中许多河段两岸岩石壁立，根本无法通行，所以至今还无人全程徒步穿越峡谷。就水道而论，雅鲁藏布江大峡谷河段，河水平均流量达 4425 立方米/秒，其河流流速高达 16 米/秒，水流湍急，跌水相连，至今未有人能漂流进雅鲁藏布江大峡谷，其水流的险恶程度也远在诸峡谷之上。低：雅鲁藏布江大峡谷最低处的巴昔卡，海拔仅有 155 米，远远低于上述三个峡谷的任何一个最低点。奇：雅鲁藏布江大峡谷最为奇特的是它在东喜马拉

雅山脉尾间，由东西走向突然南折，沿东喜马拉雅山脉南斜面夺路而下，注入印度洋，形成世界上最为奇特的马蹄形的大拐弯。它不仅在地貌景观上异常奇特，而且又成为世界上具有独特水汽通道作用的大峡谷，造就了青藏高原东南缘奇特的森林生态系统景观。秀：无论在秀的广度、深度和力度上雅鲁藏布江大峡谷都独领风骚。就广度而论，大峡谷是山秀、水秀、树秀、草秀、云秀、雾秀、兽秀、鸟秀、蝶秀、鱼秀、人秀、村秀……不仅如此，大峡谷的秀还有其深远和雄伟的内涵。例如大峡谷之水，从固态的万年冰雪到沸腾的温泉，从涓涓溪流、帘帘飞瀑直至滔滔江水，固态、液态、气态、雪花、溪流、大江，秀丽深入到水的各种形态、各种尺度规模。而从力度来看，数百米的飞瀑，16 米/秒的流速，4425 立方米/秒的流量，其力度甚为壮观。再如大峡谷之山，从遍布热带季风雨的低山一直到高入云天的皑皑雪山，无一不秀；茫茫的林海及耸入云端的雪峰给人秀丽的感受，更如神来之笔。生于斯长于斯的众多的生灵，更以其独特的形体和生命的活力迸发出秀丽的光彩。

在奔流汹涌的雅鲁藏布江畔，我想起了汉、藏交流史上的三件大事：文成公主和蕃、金城公主西嫁与唐蕃会盟碑。

天上有一条银河，地上有一条天河。“天河”——雅鲁藏布江，从雪山冰峰间流出，繁衍生息于此的藏族人民，创造出绚丽灿烂的藏族文化。

雅鲁藏布江及其大峡谷，中国的最后一片“净土”！

东方的多瑙河

——澜沧江

一年春，与现居昆明的著名诗人雷平阳聚，谈起他那首颇受争议的诗：《澜沧江在云南兰坪县境内的三十七条支流》（附后）。我说，诗很好，也有出处，诗坛真没有必要如此惊诧，《山海经》里早有如此写法。撇开诗的艺术性与形式不谈，雷诗告诉我们澜沧江是有许多支流的。据我所知，澜沧江支流众多，较大的支流一般分布在上游和下游，一般支流都比较短。流域面积大于100平方千米的支流就达有138条，流域面积大于1000平方千米的支流有41条，昂曲是澜沧江最大支流，漾濞江是其在云南境内最大的支流。

其实，澜沧江是一条国际性河流。全长4900千米，在中国境内的流程为2198千米，境外流程长2711千米，流经中国、缅甸、老挝、泰国、柬埔寨和越南。澜沧江在东南亚称湄公河，是亚洲流经国家最多的河，在越南胡志明市附近注入南海，以窄、急、险而著称，是世界第六大河。关于澜沧江的发源地的说法很多，多达十几种。因此，以不同源头为起点计算，河流的长度也各不相同，估测的长度从4200千米到最长4909千米不等。比较可信的说法有两种。一种说法是：源于唐古拉山北侧的扎纳日根山脉的查加日玛峰南坡的莫云滩深处的扎阿曲；一种说法是遥感专家刘少创探测的结果：源于青海省玉树藏族自治州杂多县吉富山。当下多采信刘少创的说法，因而，从这里算起，澜沧江的长度应该是4909千米。

澜沧江上游多山，有大量冰川和永久积雪。中游穿行于高山深谷，水流湍急，流域面积狭小。下游多雨，水量巨大。源区河网纵横，水流杂乱，湖沼密布。所流之处，平川铺岸，险滩遍布，河谷幽深，原始林区分列两岸，地形非常复杂，高处有冰峰高耸，低处有沼泽遍布，风光奇美，景象万千。

那次我刚到云南，就听当地人说："到云南不到西双版纳，不算到过云南；到西双版纳不乘船游览澜沧江，则不算到过西双版纳；乘船游澜沧江不观赏橄榄坝风光，就感受不到傣家村寨的美景。"因此，我的好奇心一下就被吊了起来。我们早上驱车从景洪出发，逆水而上，看到虎跳石这地方，江面已逐渐收缩，最窄处仅20米左右。江水汹涌澎湃，撞击参差不齐的岩石，浪花似雪。两岸奇峰插云，古怪嶙峋。绿水过青山，相映互生景，一幅天然的山水画卷。澜沧江之美令人百看不厌，以

致我强烈要求第二天乘船重游，因为去云南之前就有一位驴友告诉我，一定要去橄榄坝——“不到橄榄坝，白把版纳下”，所以我非常想见识一下橄榄坝浓郁的热带南国风光。关于橄榄坝，说法很多，素有“孔雀羽翎”的雅称，还有“绿孔雀尾巴”的说法。陪同我的云南朋友告诉我，你算选对了路线：西双版纳好比一只绿孔雀，橄榄坝就是绿孔雀的尾巴。我们依旧从景洪，但这次是乘舟。两岸山势险峻，风光奇异。橄榄坝常年青翠嫩绿，傣家村寨房前屋后高榕如伞，凤尾竹迎风摇翠，蜜菠萝悬挂枝头，香蕉树果实弯枝。走入椰林深处，发现许多四周围着竹篱笆的庭院式傣家竹楼。身着鲜艳筒裙的傣家妇女，肩挑竹箩，步履轻盈，行走于绿色果林树下，如同一群起舞的孔雀。绿色，花香，硕果，怡静的竹楼，优美的傣家姑娘，令人心旷神怡，流连忘返。

附：《澜沧江在云南兰坪县境内的三十七条支流》

澜沧江由维西县向南流入兰坪县北甸乡

向南流 1 千米，东纳通甸河

又南流 6 千米，西纳德庆河

又南流 4 千米，东纳克卓河

又南流 3 千米，东纳中排河

又南流 3 千米，西纳木瓜邑河

又南流 2 千米，西纳三角河

又南流 8 千米，西纳拉竹河

又南流 4 千米，东纳大竹箐河

又南流 3 千米，西纳老王河

又南流 1 千米，西纳黄柏河

又南流 9 千米，西纳罗松场河

又南流 2 千米，西纳布维河

又南流 1 千米半，西纳弥罗岭河

又南流 5 千米半，东纳玉龙河

又南流 2 千米，西纳铺肚河

又南流 2 千米，东纳连城河

又南流 2 千米，东纳清河

又南流 1 千米，西纳宝塔河

又南流 2 千米，西纳金满河

又南流 2 千米，东纳松柏河

又南流 2 千米，西纳拉古甸河
又南流 3 千米，西纳黄龙场河
又南流半千米，东纳南香炉河，西纳花坪河
又南流 1 千米，东纳木瓜河
又南流 7 千米，西纳干别河
又南流 6 千米，东纳腊铺河，西纳丰甸河
又南流 3 千米，西纳白寨子河
又南流 1 千米，西纳兔娥河
又南流 4 千米，西纳松澄河
又南流 3 千米，西纳瓦窑河，东纳核桃坪河
又南流 48 千米，澜沧江这条
一意向南的流水，流至火烧关
完成了在兰坪县境内 130 千米的流淌
向南流入了大理州云龙县

中国雄鸡巨冠上的金边

——额尔古纳河

我是从初中历史书上第一次知道额尔古纳河的。我们总是习惯颂扬所谓的康乾盛世、痛骂晚清政府的腐败无能和丧权辱国，殊不知“名主”康熙也干了不少臭事，其中一件就是与俄罗斯签订的《中俄尼布楚条约》。1689年的康熙帝匆忙割地求和，将额尔古纳河以西划归俄罗斯，使得本为蒙古帝国时期中国的内陆河——额尔古纳河，成为中国与俄罗斯的界河，直至今日。

额尔古纳河自古以来称呼不一。《旧唐书》称之为望建河，《蒙古秘史》称之为额尔古涅河，《元史》称之为也里古纳河，《明史》称之为阿鲁那么连，直到清代，才开始称之为额尔古纳河。以海拉尔河为上源，全长1666千米，干流全长970千米。额尔古纳河总长虽不及其他世界大河，但其支流众多，沿途汇集了海拉尔河、根河等1800多条大小河流。丰沛的水资源养育了肥沃而美丽的草原，呼伦贝尔草原成为蒙古民族最早的发祥地。好的自然环境，承载着包括蒙民族在内的许多少数民族在此游牧、渔猎，并将这片沃土开拓成美丽的家园。一代天骄成吉思汗以此为依托，铁骑从此奔腾，创建了威震世界的强大的蒙古帝国。额尔古纳河被蒙古民族称为母亲河。

一位朋友曾问我，中国最美的夏天在哪里？我直言不讳地告诉她，在额尔古纳。那年七月，我去呼和浩特开会，散会后我专程绕道赶赴额尔古纳河。当我站在河边，我不能不惊诧它的美了。这是一条上、下游流域地形差异很大的河。阿巴盖图至黑山头为草原丘陵区，地势平坦，河谷开阔，湖泊密布，沼泽遍地，水流分散如盛开的花朵，杂草丛生，柳条在水里，在陆地自在生存。我看到自粗鲁海图至吉拉林河那段河谷突然变得狭窄，河中开始出现许多沙洲和岛屿，水量增大，河流急促，河水变深，两岸山地陡峭，风光别现。

额尔古纳河的支流，除了海拉尔河，最著名的就要算激流河与根河了。根河湿地被誉为“亚洲最大的湿地”，是中国目前保持原状态最完好、面积最大的湿

地。根河两岸120多千米的原始森林，郁郁葱葱，伴随着河水蜿蜒前行，形成了中国最特别的湿地。

夏天到额尔古纳河，当然要到激流河与根河漂流了。激流河漂流比较刺激，常听到尖叫声在河谷里回荡。许多人选择根河漂流，因为水流较缓，甚至可以躺在筏子上安睡。暖暖的阳光没有阻碍地垂照下来，随波逐流，顺流漫漂。仰望如水洗过的蓝天和惊飞的野鸭和灰鹤，俯身游戏浮光耀金的河水，左右顾盼一望无际、空旷安静的草原，什么都可以想，什么也可以不想，人随水流，景随岸变，半睡半醒间，恍若大自然中的隐者，青草、碧水、蓝天在心中，烦恼、浮躁、俗想顿时荡涤得无影无踪。

额尔古纳河是中俄界河，中俄两国以河道中心为界，宽不过十余米，乘船游览非常有历史和距离感。长970千米的额尔古纳河在中国的地理版图上，蜿蜒曲折地勾画出了雄鸡巨冠的轮廓。对岸，俄罗斯村庄近在咫尺，一派异国情调。

“南有海南三亚，北有额尔古纳”。额尔古纳河，真是美不胜收。

百里画廊

——漓江

漓江是桂林的灵魂。

源出“华南第一峰”（桂北越城岭猫儿山），长 437 千米的漓江，是世界上规模最大、风景最美的岩溶山水，宛如一幅典型的中国水墨山水画。唐代大诗人韩愈曾以 10 字赞美漓江：“江作青罗带，山如碧玉簪”，可谓笔意传神，写出了漓江的诗情画意。桂林敢称自己的山水甲天下，一大半是因为“漓江神秀天下无”。

漓江，又称“灕水”，1949 年后中国大陆简化字将“灕”简化为“漓”，与“淋漓”之“漓”并为一字。我曾考证过漓江的得名。早先时，湘江与漓江是合流的，但后来湘江之水由南向北流去，毛泽东诗词有“湘江北去”之句；而漓江之水由北向南流下，有所谓“湘漓分流”、“相离而去”，漓江，可能就是因此而得名吧。另外漓江之“漓”，在汉语里有清澈、透明的意思，这大概是漓江之名的最佳含义了。

其实，从猫儿山下来，漓江每流经不同地方，当地人便会给她不同的称呼，有的称六峒河，有的称溶江等。我们常说的“漓江”，指的是由榕江镇汇灵渠水，流经灵川、桂林、阳朔至平乐这一段。漓江给人留下最直观的印象是碧水如镜，青山倒影。其实，漓江处处是景，素有瀑布、流泉、险滩、竹林四绝之名。导游告诉我，漓江还有“四特”：

怪、迷、奇、绝，即古榕之怪，画山之奇，冠岩之迷，半边渡之绝。说漓江处处是景，一点也不夸张。著名的景点有漓江风景一绝——杨堤烟雨；犹如卷动的山水画卷——浪石仙境；高达416米、临江绝壁上白色斑印的天然骏马图——九马画山；黄布滩“分明看见青山顶，船在青山顶上行”美景——黄布倒影；兴坪的翠竹、倒影及绿水青山构成了漓江的压轴之美——兴坪佳境，等等。据我来看，漓江最值得一游之处是从桂林到阳朔这83千米的水路。

泛舟这段不足百里的漓江，如入百里水墨浸染的画廊。漓江像一条青绸绿带，盘绕在万点峰峦之间，奇峰夹岸，碧水萦回，削壁垂河，青山浮水，风光旖旎。随舟漫游，可观青峰倒影、渔翁闲钓；可听牧童悠歌、风过林响；可感田园古朴，可纳沁脾之气，真是舟于水上行，人在画中游。

游漓江可轻装而行，最大的方便之处是不必带伞，不怕阳光，不惧阴雨，不愁天气变化。这也正是游览漓江的绝妙之处。因为不同天气，漓江的景色各有不同：晴天看，水穿江峡，峡衬帆影，碧水映云，群峰沉水；阴天看，云遮雾绕，烟波渺渺，山川隐约，幻景仙境；雨天看，漓江迷离，烟雨浩渺，景物隐约，淋漓世界。漓江之景，景随天变，时时有景。其实，我倒觉得阴雨天游漓江更妙。雨中浮舟江上，但见群山若隐若现，乱云浮行于奇峰之间，雨幕般的轻纱笼罩江山之上，恰似一幅幅千姿百态的泼墨水彩画，更有一番别趣。

你可以在新版的20元人民币背面，看到印制其上的漓江山水。其实，漓江，这颗中国锦绣河山的明珠，是无价的，是中国人引以骄傲的丰厚无比的不动产。行文至此，我仿佛听到刘三姐优美而机智的歌声从漓江上传来，让我更加向往那片灵秀的山水了。

珠流南国，沃水千里

——珠江

唐朝诗人张籍有一首诗叫《野老歌》，其中有两句诗曰："西江估客珠百斛，船中养犬常食肉。"以极尽奢靡的描写，感叹西江的富庶。大概从唐朝始，西江流域就是华夏的发达地区。诗中的西江，就是珠江。看来珠江流域的富裕、发达，并不是二三十年造就的，应该在三五百载时光前就形成了。

除了长江、黄河，珠江作为南中国的第一大江，在中国七大江河中位居第三是有充足理由的。我当然不仅仅是指它的经济地位和独特的地理位置，单凭它干支流总长度 36000 多千米，干流 2320 千米的流程，珠江就是当之无愧的。

许多人谈及珠江，都回避谈到它的贫穷而又丰沛的源头。确实，珠江的源头到底在哪里，1985 年前说法各异。早在三百多年以前，明朝大旅行家徐霞客就曾两次到珠江上游探源，终因没有发现正源而抱憾终生。其实，珠江的源头不在广州，不在广东。1985 年，国家水利部珠江水利委员会多次考证，最终发现并确定，珠江发源于云南省东部曲靖市沾益县马雄山麓，至此，珠江源头的面纱才揭开面世。正所谓："珠流南国，得天独厚；沃水千里，源出马雄"。

我对所有地方的地名都非常着迷，每到一地总是寻根考证。当然，对珠江之名的由来也不例外。

珠江，旧称粤江，一说其名来自"海珠石"。当千里江水流经广州城下时，江中有一巨大的礁石，礁石长年被江水冲刷，变得圆润光滑，形如珍珠，称"海珠石"，因此叫"珠江河"。另一个说是有一位波斯商人，偷了自己国家的一颗价值连城的宝珠，来广州拍卖，因此珠是镇国之宝，所以波斯国王派人携巨款来广州，把宝珠买了下来。乘船回国时，拿出宝珠来欣赏，突然无风浪起，宝珠飞起，坠入江中。后来宝珠化为巨石，熠熠生辉，人们便将其称为海珠岛，海珠岛所在的大河也因此得名珠江。

我曾到过珠江源。我们从广州一路驱车，一路春风一路景。穿过一片茂密葱郁的森林，走过摇摆不定的铁索桥，抬头时，"珠江源"三个暗红色的大字已映入了眼帘。只见一股清泉从一山洞流出，舒缓而潺潺。看着这涓涓细流，听着汩汩水声，我无法相信，五千里秀丽的珠江，就是从眼前这个不起眼的水洞源发。于是，走进洞内，掬一捧源头之水，凛冽甘甜，沁人心脾，让我明白了珠江的清澈。我也似乎感觉到了珠江博大的内涵。

现在的珠江，概念与以往不同。旧称粤江的珠江，原指广州到虎门段的入海水道。而现在是西江、北江、东江三江的总称，其流域跨云、黔、桂、粤湘、赣六个省区。珠江支流众多，水量充沛，河道稳定，现有的通航河道达 1088 条，通航总里程 14156 千米，约占全国通航里程的 13%，水量及航运价值超过黄河，仅次于长江而居第二位。

良好的通航条件，给珠江旅游带来了便利。我第一次去广州就进行了一次“珠江夜游”。我们乘游船从天字码头出发，依次穿过珠江的六座大桥，每座桥都霓虹闪烁。泛舟江心，临风远看，一座座风格各异的桥，如彩虹卧波，似珠链绕水。彩灯映照之下，桥上人来车往，恍惚间以为那就是银河的街市。滨江大道上，如盖的绿荫映发出成片幽幽的绿光。站在船头，江风飒飒，十里花街十里灯，一条珠江一幅画，珠江的人文、历史仿佛印制在画轴上。古老的海关钟楼、沙面的万国建筑、半岛花园屋顶、“国立中山大学”的牌额……名胜古迹，现代新构，依次入眼入心。时光此时已经被忘却，我们似乎穿越了历史。远处，璀璨的“小蛮腰”，将珠江引向了更高的位置，将我拉回了现实。那次珠江夜游，我对珠江的古往今来，又有了全新的认识。

珠江，汇百川千水，泻万里碧涛；珠江，雕两岸奇山丽水，塑千古人文；珠江，育多彩民族，富庶家园，造就了珠江三角洲的先锋与繁盛。珠江，无愧为南中国的第一大江。

中国的亚马孙河

——万泉河

万泉河原本在中国的河流史上名气并不大，只是海南岛的第三大河。这条发源于五指山的热带河流，虽然两岸的热带雨林原景再现，山形地貌巧夺天工，河水清冷，生态环境优美，但身藏群山，不为外界所识。在中国，许多人知悉万泉河是因为一首歌和一部剧，歌名《我爱五指山，我爱万泉河》，剧叫《红色娘子军》。

万泉河原名“多河”，又称万全河。关于万全河的得名，流传着一段故事。相传元朝中叶武宗皇帝的第二个太子图帖睦尔，因宫廷倾轧被流放到海南定安的多河畔，官民避之，只有当地绅士王官，对其照料有加，常带他乘船游览多河，饮酒消愁，观光怡情。在多河畔，二太子认识了一位美丽女子青梅，并在王官的撮合下完婚。回来宫廷政变，图帖睦尔被召回京即帝位。在即将离别万泉河宁静美丽的家园时，太子恋恋不舍，村民夹岸欢送，握拳齐呼，“太子万全，一路万全。”太子非常感动，带着青梅娘子一路“万全”到了京都，当上了元朝第 11 任皇帝。登基后，这位文宗皇帝不忘报答万泉河两岸的百姓送他“万全”的款款深情，将伴随他度过三年流放岁月的“多水河”，命名为“万泉河”。美丽的传说给万泉河披上了神秘而多情的面纱。

万泉河有南源和北源之分。南源以乐会水为干流，长 109 千米；北源定安水出黎母岭南，在琼海市合口咀汇合，始称万泉河，长约 163 千米，流经琼海，浩浩荡荡奔到博鳌流入南海。160 多千米的万泉河像一

条飘逸的玉带从两山蜿蜒而下，山、林、水景自然融合，处处即景，是中国未受污染、生态环境最为优美的热带河流，被誉为中国的“亚马孙河”。

上游群峰起伏，乔木参天，谷窄流急，林水相迭，大自然的千万年造化，使人迷途忘归；中游河道渐宽，漫江碧透，水清见底，沙礁可

辨，卵石可数，让人心底敞亮，杂念全消。下游河面乍阔，水流平缓，阵风吹来，椰影婆娑、槟榔飘香，令人心旷神怡。最迷人的地方在其入海口。万泉河入海口非常独特，不同于世界上任何名川大河。入海口处有一条狭窄的沙坝，横亘在万泉河和南海之间，像是阻挡美丽的万象河

投入大河的怀抱，又像是痴情的女子在海边送别远航的爱人。这就是深情绵延2.5千米的玉带滩。玉带滩以“分隔海、河最狭窄的沙滩半岛”的独一无二的特色而被列入“吉尼斯之最”，令人油然叹奇大自然的鬼斧神工。

到万泉河这条“中国的亚马孙河”不漂流，等于没到万泉河。万泉河漂流被称为“中国最佳漂流胜地”、“中国热带第一漂”、“中国文化之漂”、“中国生态之漂”。万泉河漂流的独特之处是四季皆可漂，每处景不同。峡谷漂流，惊涛骇浪，浪遏飞舟，惊险刺激；竹筏漂流，静水缓行，河水清透，直视无碍。可观浅水之游鱼，可赏卵石之斑斓，可望椰林摇曳，可玩恬柔之水。一时间，身处热带丛林，如至江南水乡。流连山水田园，顿忘都市喧嚣。

每次去海南、去万泉河，回来都是皮肤黝黑，但我的心情却是明亮的。

台湾最长的河流

——浊水溪

在人们的印象中，溪，皆清，皆透彻。但台湾有一条河流，也是全台最长的河流，偏偏叫浊水溪。

传说，很久很久以前，浊水溪非常清澈，因一善良、勇敢的小伙子勇闯洞穴，背负自己心爱的姑娘出逃时，几十个坏人攀着悬崖的葡萄藤追赶，姑娘急中生智，一刀砍断藤条，坏人全部落水淹死，弄脏了清澈的溪水。另一传说是其源头各有一只金泥鳅与金鸭，金鸭为了捕捉金泥鳅，而金泥鳅为了躲避金鸭，便往水里的泥沙深处猛钻，就这样把溪水弄浊了。还有另一说是源头有一尾巨大的鲈鳗，时常在源头翻滚打转，溪水因而混浊不堪。这些都是一个传说。其实，这条流淌于台湾中部的河流，所经之地多是易受侵蚀的页岩、砂岩，常年的暴雨和急流冲刷，水流携带大量的砾石泥沙，含沙量较高，致使浊水溪变为灰黑色泥浆状，长期浑浊，“浊水”之名因此而得。

浊水溪，发源于中央山脉合欢山主峰与东峰之间，全长 186.4 千米，河水自海拔 3000 余米的高山奔腾而下，最终注入台湾海峡。浊水溪上游，地势起伏，河道多纵谷，河水落差大，雨量多，水力资源丰富。那年秋天，我们一行人从龙神桥跨过浊水溪，向南沿陈有兰溪溯源而上，呈现在我们眼前是典型的高山纵谷地形景观：东侧是巍峨的玉山山脉，西侧是雄伟的阿里山脉，中间纵深的河谷由于沿断崖层发育，弯曲不多，几乎呈直线状。在陈有兰溪谷及其两侧的山谷之中，断崖壁立，瀑布悬落，十分壮观。那次台湾之行，我特地在此小住一宿。浊水溪的秋夜，金星隐约，泼墨般的群山横于眼前，山近天远，瀑声依稀，一夜无梦。晨起，阳光万里，浊水溪通身发亮，像一条鳞光闪亮的乌龙。那惬意的一夜，让我至今难忘。

在浊水溪，运气好的话还会遇见水里乡每年的建醮大典。建醮大典一般都在浊水溪干涸的河床上举行，所搭建的牌楼祭坛，占地广阔，夜间灯火辉煌，弥漫着地方宗教祭典的特色。浊水之旅，还会让你顿生复古怀旧的情怀。清朝时，蛇窑随着移民进入台湾，是台湾早期陶业中最常被使用的窑炉，几乎遍及全台各地。传承至今，水里蛇窑与集集的添兴窑仍享有盛名，浊水溪上游冲积下来的黏土，流到中游，冲积在两岸，土质纯净，是制陶的上好材料，成了厚重的陶土矿层。这些依山而建，窑身头低尾高，呈长条圆管形，看起来确实像一尾长蛇的蛇窑，让人感怀台湾历史的传承与变迁。每逢节假日，绿色隧道旁的窑场总是挤满了玩陶及赏陶的游客。水里、集集二座蛇窑相互辉映，为传统窑场平添了一分光辉，也为浊水溪畔增添了一份人文气息。

浊水溪把宝岛一分为二，是台湾的天然分界线，南北两部分在地理条件上存在明显差异：溪南为热带气候，溪北为亚热带气候。浊水溪还是一条政治河，南北两岸的民众在价值观和政治取向上也存在很大差别。台湾人常说，马英九再有魅力也过不了浊水溪，暗指“外省势力发展不到南部”。也正是因为浊水溪具有特殊的政治含义，台湾民间关于它的传说很多，最有名的就是：浊水溪的水一旦变清，就表示台湾要变天了。《诸罗县志》上有明文记载：“浊水溪清，则时事有变。”此前，浊水溪共有3次变情：第一次是郑成功赶走荷兰人后，溪水变清时间长达3个月；第二次是1945年台湾脱离日本统治前夕，浊水溪曾经清澈见底；第三次是2000年台湾大选前，浊水溪也一度变清，而当年选举结果是台湾地区实现了第一次政党轮替。这种说法虽然没有科学依据，但真让人匪夷所思。

站在浊水溪畔，我想到了刘永福力撑危局率黑旗军抗击日军壮烈之举，想到了台湾四百多年风雨兼程的发展史，想到了黑龙江，他们一南一北，像两条守护着华夏民族的巨龙。

下篇 映照

中国的五大淡水湖

鄱阳湖、洞庭湖、太湖、洪泽湖、巢湖，中国的五大淡水湖，我都一一到过。

我到过王勃赋中“渔舟唱晚，响穷彭蠡之滨”的鄱阳，到过孟浩然笔下“气蒸云梦泽，波撼岳阳城”的洞庭，到过白居易诗中“烟翠三秋色，波涛万古痕”的太湖，到过丁大来感叹“水阔青山小，天空白日孤”的洪泽，到过罗隐吟诵“一山分四顶，三面瞰平湖”的巢湖。五个通江达海的湖泊，在我心中，如诗如画如歌，让我奔腾激荡，让我沉静如月，让我感怀难忘。

一　鄱阳湖篇

有人说，鄱阳湖犹如一只巨大的宝葫芦系在万里长江的腰带上；也有人说，鄱阳湖是中国第一大河岸边最大的一颗明珠。无论是宝葫芦说，还是最大明珠说，我都同意。形胜如此，人文如此。这座每年流入长江的水量超过黄、淮、海三河水量的总和、面积达3914平方千米的湖泊，当之无愧成为中国第一大淡水湖。

宋代大家苏轼曾夜乘小舟，泊于绝壁下，探访石钟，写下了著名的

《石钟山记》。东坡居士对物理的探究精神，让我钦佩不已。因此，我也曾考证过鄱阳湖的得名问题。鄱阳湖的名称很多，历代不同，有彭蠡湖、彭蠡泽、彭泽湖、彭湖、扬澜湖、宫亭湖等多种称谓，尤以彭蠡湖、扬澜湖、宫亭湖等三名较为著名。《汉书》中“豫章郡彭蠡”条载：“彭蠡泽在西”。另一说法是“彭者大也，蠡者瓠瓢也”，以瓢形容鄱阳湖之形。这是彭蠡之名的最早出现。至于“宫亭湖”一说，是因湖旁有宫亭庙而得名。

但“扬澜湖”之名就不是轻而易举取得了。李纲的《彭蠡》诗云：“世传扬澜并左蠡，无风白浪如山起”。宋余靖《扬澜》诗：“彭蠡古来险，汤汤贯侯卫。源长云共浮，望极天无际。传闻五月交，兹时一阴至。飓风生海隅，馀力千里噎。万窍争怒号，惊涛得狂势。”可以想见，“扬澜湖”之名非亲历惊涛骇浪之人不能知其所以然也。

鄱阳湖入长江，江湖汇合处耸立着苏轼探寻过的“石钟山”。登山眺望，大湖尽收眼底，襟江带湖，气势雄礴。其实，石钟山不是一座山，而是两座山，两山只距千米。上下钟山，南北夹峙，犹如一把锁挂于湖口，故有“江湖锁钥”之称，也是兵家必争之地。极顶远眺，唯见长江浩荡而来，鄱阳湖水万川归一，蜂拥而出。就在江湖际会处，二水相交，奇景顿生：江浊湖清，清浊分明，奇妙无穷。

“山苍苍、水茫茫、大姑小姑江中央”。鄱阳湖水多美姿，岸植如

诗。春夏之际，芦荻似海，湖风吹来，若万浪掠地，气势恢宏。秋意临湖，荻花片片，似雪飞天，候鸟出没其间，疑似人间仙境。每年春、秋、冬三季，芳草萋萋，草深过膝，被誉为“江南最后的草原”。鄱阳湖还是世界上最大的白鹤和天鹅越冬地，其中白鹤占全球总数的98%以上，是举世瞩目的白鹤王国，每年有几十万只天鹅在此过冬，场面非常壮观，英国菲利普亲王游历后称其为“中国的第二长城”。

在鄱阳湖畔，我深为鄱阳湖水之泽国，鸟之天堂，木之园林而感叹不已。在这座人与自然交流和沟通的桥梁旁，我神思飞扬，想到了鄱阳湖的此地彼人。想到了在此生活过的徐稚、陶渊明、王勃、朱奁，想到了在此操练水师、雄姿英发的周瑜，想到了在此水战的朱元璋与陈友谅，想到了在湖口振臂而起、发动“二次革命”李烈钧。

“浪何为而起于青云之底，日何为而碎于泥沙之里……安得快意大荒之东复东，指麾鱼鳖骑苍龙。”宋代诗人周弼这几句描写鄱阳湖的豪迈而明志之诗，尽抒我怀兮。

二 洞庭湖篇

第一次知道洞庭湖之美，是读范仲淹的《岳阳楼记》。从那时起，我认为范氏雄文，所述备矣，后代一切描写、赞美洞庭湖之美的文章，皆不值一提。我只能略述自己对洞庭湖的观感。

洞庭湖纳湘、资、沅、澧四水，古有云梦、九江和重湖之称，历史上曾一度为中国第一大淡水湖。由于近代围湖造田，湖面面积从清朝的6000平方千米骤减到1998年的2820平方千米，世称“八百里洞庭”，从此屈居中国第二大淡水湖。

洞庭湖风光极美，湖外有湖，湖中有山，渔帆点点，芦叶青青，水天一色，鸥鹭翔飞。一日之中千万变，春秋四时景不同。古人描述的“潇湘八景”中的“洞庭秋月”、“远浦归帆”、“平沙落雁”、“渔村夕照”、“江天暮雪”等，都现有遗存。湖中湖畔，皆有名胜，如岳阳楼、君山、杜甫墓、杨么寨、铁经幢、屈子祠、跃龙塔、文庙、龙州书院等。在江湖的接界处——城陵矶，站在三江口远眺洞庭，但见湘江滔滔北去，长江滚滚东逝，水鸟翱翔，百舸争流，水天一色，景色甚是雄伟壮观——我想到了东方朔盗饮仙酒，司马相如的《子虚赋》，想到了刘海戏金蟾，想到了舜帝双妃——娥皇和女英——不说了，还是让我默写《岳阳楼记》吧——

予观夫巴陵胜状，在洞庭一湖。衔远山，吞长江，浩浩汤汤，横无际涯；朝晖夕阴，气象万千。此则岳阳楼之大观也。前人之述备矣。然则北通巫峡，南极潇湘，迁客骚人，多会于此，览物之情，得无异乎？

若夫霪雨霏霏，连月不开，阴风怒号，浊浪排空；日星隐耀，山岳潜形；商旅不行，樯倾楫摧；薄暮冥冥，虎啸猿啼。登斯楼也，则有去国怀乡，忧谗畏讥，满目萧然，感极而悲者矣。

至若春和景明，波澜不惊，上下天光，一碧万顷；沙鸥翔集，锦鳞游泳；岸芷汀兰，郁郁青青。而或长烟一空，皓月千里，浮光跃金，静影沉璧，渔歌互答，此乐何极！登斯楼也，则有心旷神怡，宠辱偕忘，把酒临风，其喜洋洋者矣。

嗟夫！予尝求古仁人之心，或异二者之为，何哉？不以物喜，不以己悲；居庙堂之高则忧其民；处江湖之远则忧其君。是进亦忧，退亦忧。然则何时而乐耶？其必曰“先天下之忧而忧，后天下之乐而乐”乎。噫！微斯人，吾谁与归？

三　太湖篇

“闲拨船行寻旧池，幽情往事复谁知？太湖石上镌三字，十五年前陈结之。”前人写太湖的诗文众多，但写得最多、最深情的是白居易。太湖确实太美了，引来无数人前往赏游，又令人别后魂牵梦绕。

太湖古称震泽、具区、笠泽、五湖，位于江苏省南部，长江三角洲中部，全部水域在江苏省境内，湖水南部与浙江省湖州市相连，是中国东部近海区域最大的湖泊。太湖是平原水网区的大型浅水湖泊，湖区内有48岛、72峰，湖光山色，相映生辉，散发着不带雕琢的自然美，有“太湖天下秀”之称。太湖也是我国重要的商品粮基地和三大桑蚕基地之一，素以“鱼米之乡”而闻名。这是太湖的基本情况，其实只需知道“湖光山色，鱼米之乡”八字足兮。

现在有一种意见，将太湖升格为中国第二大淡水湖，理由是洞庭湖因多年来泥沙淤积和围湖造田等原因，湖面大为缩减，已退为第三位。素称“三万六千顷，周围八百里”的太湖，水域面积约为 2250 平方千米。其实，洞庭湖丰水期的湖面面积还是大于太湖的。

关于太湖的形成，学术界一直争论不休，主要有三种假说，一个是构造成湖论，一个是泻湖成因说，一个是陨石冲击坑说。构造成湖论认为，太湖平原原是一个大的海湾，后来不断为水和沉积物所填充，演化成现在的湖泊；泻湖成因说认为，太湖平原原是一个大的海湾，在全新世高海面时，曾受到广泛的海侵，后来随海水退却形成封闭的湖泊；陨石冲击坑说认为，距今 5000 万年前，一颗巨大的陨石从东北侧方向撞击地球，造成相当于 1000 万颗广岛原子弹爆炸的巨大冲击，留下了 2250 平方千米的陨石坑，即现在的太湖。此外，关于太湖的成因还有构造沉降说、火山说、积水说和下陷说等不同观点。直至 2009 年，南京大学地球科学系王鹤年、谢志东、钱汉东三名教授找到了太湖属陨石冲击成因的关键性证据，才平息了旷日持久的争论，最终确认了太湖系陨石冲击形成的。

“山外青山湖外湖，黛峰簇簇洞泉布”。太湖，碧波万顷，朝霞与

暮雨难测，雾霭和晴光交替，景色来于自然，变化超出意外。湖畔，群山拱护；湖中，岛屿罗布，融娇艳、神秀于一体，使人心旷而神怡。可览鼋头渚和苏州洞庭东山、洞庭西山，可游蠡园、蠡湖，可吊阖闾城越城遗址、泛舟隋代大运河、过唐代宝带桥、拜宋代紫金庵、逛元代天池书屋……太湖波阔，美景众多。站在鼋头渚，极目秀水奇山，诵“太湖佳绝处，毕竟在鼋头”，生发怀古之幽情，由自然而穿越历史，真是一桩快事。

到太湖，既有耳闻目睹之声色，当然也有口舌朵颐之美味。太湖水产丰富，盛产鱼虾，素有“太湖八百里，鱼虾捉不尽”的说法。在太

湖，尽可品尝舌尖上的快乐，我每次必点太湖“三白”，即银鱼、白鱼、白虾。银鱼无刺，鲜嫩爽口；白鱼刺软，质细脂多；白虾壳薄，晶莹味鲜。现在想来，还让我垂涎欲滴。寻思范蠡真千古第一有福之人，泛舟太湖，美味与美人兼得！

四 洪泽湖篇

鸟瞰洪泽湖，形状很像一只昂首展翅欲飞的天鹅。但从它名称演变来看，却与天鹅没有丝毫关联。这座原属浅水的小湖群，古称富陵湖，汉代以后称破釜塘，隋代又称洪泽浦，直到唐代才固定下来，叫洪泽湖。后来我遍翻史志，也没有见着赞美洪泽湖的诗篇，从诗人到皇帝，所写之诗大都是谈国计民生和水利治理。洪泽湖似乎远离了浪漫。

洪泽湖是比较复杂的：北枕废黄河，南望低山丘，东临京杭大运河，西接岗坡平原。西纳淮河、东泄黄海、南往长江、北连沂沭，淮河横穿湖区，为淮河中下游结合部。整个湖区由成子湖湾、溧河湖湾、淮河湖湾三大湖湾组成。与五大淡水湖中其他湖泊不同的是，洪泽湖是一座过水性湖泊。水域面积随水位波动较大，正常水位时，面积2069平方千米，汛期或大水年份，面积扩大到3500平方千米，在中国五大淡水湖中，洪泽湖位居第四，宛如镶嵌在苏北平原上一颗灿烂明珠。

河有悬河——黄河，这个我们都知道。但湖有悬湖吗？我告诉你，有，就是洪泽湖。明清以来，湖水凭借洪泽湖大堤作为屏障，湖底高出东部里下河平原4～8米，洪泽湖成为名副其实的“悬湖”。这条围束“天鹅”的“百里长堤”作为防洪屏障，已经有1800年历史了。到洪泽湖，漫步大堤是一件赏心悦目的快事。堤上翠柳摇曳，飞鸟鸣啁，湖风吹来，碧浪拍岸，涛声近而波浪远，烦嚣灭而幽情生。远望蜿蜒的玄武岩条石砌就的大堤，宛若一座横亘在湖边的水上长城，又似一条移游欲飞的青色巨龙。

到洪泽湖，我爱到临淮头观日出。黎明之际，立于大堤之上，极目东方，一轮红日蘸着碧水，从湖面上冉冉升起，霞光绚烂，湖波耀金，四堤环抱，水灵灵的太阳像一颗璀璨明珠，飘浮在碧波万顷的湖面上，景象惊心。我还爱到雄峙于淮河入湖口处的龟山看日落。登临孤峰，俯瞰淮运分流；纵目西眺，千里长淮如彩练，八方暮霭浮半空。在感叹大自然的自在演绎的同时，我在思考人生应该有完整的精彩。

洪泽湖名非浪漫，但却是浪漫情怀之所在。

五　巢湖篇

“万倾茫茫一镜平”的巢湖，惊涛拥雪，烟波浩渺，帆樯如画，风景秀美，“登高四望皆奇绝”。李鸿章的家离巢湖很近，当时，他集结淮军在湖上操练水战，并写了一首七绝：“巢湖好比砚中波，手把孤山当墨磨。姥山塔如羊毫笔，够写青天八行书。”气魄宏大，寓志于景，这位大清名臣确实是个大手笔。

自古就有“三百六十汉”的巢湖，古称焦湖，八百里碧波荡漾，水系发达，通江达海，是安徽省境内最大的湖泊，中国五大淡水湖之一。

合肥地区素有“陷巢州，长庐州”之说，巢州即巢湖前身，庐州即现在的合肥。传说很久很久以前，巢湖当时还是一个盆地，盆地中有一座城池叫巢州。一天，一位渔人捕捉了一条千斤大鱼，在城内廉价出售。全城人争相购此鱼肉，唯独焦姥和女儿玉姑不买不食。一叟过閰对焦姥说：“此鱼系吾儿，汝母女不食，必有厚报。见城东石鱼目赤，城将陷。”后来，焦姥果见东门石鱼目变红，她心急如焚，奔走呼号百姓避灾，最后才携女逃行。

忽然巢州下陷，焦姥母女被浊浪冲散淹溺。危急之时，小白龙急施法术，从湖内长起三座山，将其母女二人及丢失的一只鞋托出水面。后人为颂扬焦姥的德行，于是将巢湖取名焦湖，将湖中的三座山分别取名为姥山、姑山和鞋山。这也大概地告诉我们，巢湖的形成是因地质构造巨变造成的。这个观点可不仅仅是从传说得来的，现已考证出巢湖水下确有一座古城遗址。从水底的发现来看，古巢州在当时已具相当高的文明发达程度，是在一场突如其来的灾难中沉没的。古老的传说与新近的发现，激起人多少遐想与好奇！

巢湖之美在于湖光山色。2063 平方千米的湖面，湖心有山，山中有水。岸有山矶耸立，奇观名胜；水有波涛浩渺，江湖相连，山水交融，互为衬应。清朝的巢县知县孙枝芳曾有诗叹曰：“天与人间作画图，南谯曾说小姑苏。登高四望皆奇绝，三面青山一面湖。”

巢湖的风景名胜很多，如众星拱月，环绕着这座合肥市的内湖。游巢湖，需知“快游秘诀”——一二三四五：一株牡丹，即一棵破石而生，风姿绰约的银屏山“天下第一奇花”；两颗宝石，即四面环水、中流砥柱的姥山与西梁山；三串珍珠，即飞珠溅玉、汤温水滑的半汤、香泉、汤池三大温泉；四块翡翠，即满山茂林、蓊郁深密的太湖山、鸡笼山、冶父山、天井山四个国家森林公园；五座龙宫，即各具神态、洞奇径幽的仙人洞、紫薇洞、王乔洞、华阳洞、泊山洞五大溶洞。掌握了这一秘诀，几乎可以尽览“天与人间作画图”的巢湖风光了。

每次去巢湖，我都必游中庙。有“湖天第一胜境”之称的中庙矗立在凤凰台赤砂礁岩上，背倚朝霞，面对老姥，东顾巢伯，西望蜀秀，三面临水，一波万顷。现存殿阁为晚清建筑，赭墙碧瓦，飞阁流丹，犹如栖凤立于岸矶之上。临湖当风，心潮逐浪。4000 米开外，姥山岛的文峰塔，像一枝饱蘸巢水的如椽之笔，直书蓝天。想当年，当地流传

“姥山尖一尖，庐州出状元”的民谣。明崇祯年间的庐州知府严汝为映证此谣，在姥山最高处修建文峰塔，当地百姓称望儿塔，但建至4层时，因战乱停工。直到光绪年间，李合肥倡议捐款续建，委江苏补用道、庐州人吴毓芬续建3层，于1878年完工。此塔7层，高51米，共135级，李鸿章题“文光射斗”四个大字。塔内藏有李鸿章的弟弟、两广总督李瀚章题写的“举头近日”，台湾首任巡抚刘铭传题写的“中流一柱”等匾额和800尊砖雕佛像。李鸿章所作的《姥山塔碑记》也刻于石上。沿着塔梯盘旋而上至塔顶，依窗远眺，巢湖波涛万顷，舟帆点点，“烟霜弥四泽，水气隐三光。尽日闻渔鼓，高云辨雁行。”立于塔顶，我忽然想起宋代著名诗人陆游赞美巢湖的诗句：“何曾蓄笔砚，景物自成诗。”

在巢湖之滨，我曾想，古往今来，巢湖诞生了众多的英才豪杰，是不是与那句“姥山尖一尖，庐州出状元”的民谣有关呢？是不是与文峰塔有关呢？你看，——江东霸王项羽的首席高参“亚父”范增，雄姿英发、指挥若定的大都督周瑜，北宋清官包拯，南宋豪放派词人张孝祥，台湾第一任巡抚刘铭传，大清重臣李鸿章，北洋水师提督丁汝昌，北洋总理段祺瑞，布衣将军冯玉祥，和谈上将张治中，特工上将李克农，抗日名将孙立人，中国远征军先锋将军戴安澜，诺贝尔奖获得者杨振宁，当代草圣林散之，著名诗人田间，中国奥运首块金牌获得者许海峰……

巢湖，这神奇之水，千百年来哺育了多少风流人物！

中国的五大咸水湖

中国有五大淡水湖，也有五大咸水湖，而且风景奇秀，特色各具。这五大咸水湖就是青海湖、纳木错湖、色林错湖、乌伦古湖、羊卓雍错湖。据说，即使海枯石烂，青海湖、纳木错湖、色林错湖、乌伦古湖、羊卓雍错湖所储蓄的500亿吨氯化钠，仍可满足全世界食用需求！五大咸水湖在向人们呈现美的同时，也在哺育着人类，给予我们力量及其不竭的源头。

一　青海湖篇

青海湖，当然地处青海省。四周群山巍峨环抱，北有崇宏壮丽的大通山，东有巍峨雄伟的日月山，南有逶迤绵延的青海南山，西有峥嵘嵯峨的橡皮山。四座绵延的山脉，犹如四面高大的天然屏障，将青海湖紧紧环绕。我第二次去青海湖时，特意与几位朋友骑车绕湖环游，用了三天时间，长驱360多千米，环湖逛了一周。这个比两个太湖还大的高原湖，是中国最大的内陆湖，也是中国最大的咸水湖。

第一次去青海湖后，我就知道了这个壮美之湖的来龙去脉了。青海湖，古称“西海”，又称“鲜水”、“鲜海”；藏语叫做“错温波”，意思是“青色的湖”；蒙古语称“库库诺尔”，即“蓝色的海洋”。由于青海湖一带早先属于卑禾族的牧地，所以又叫“卑禾羌海”；汉代人称“仙海”，北魏时始称“青海”，1949 年之后才普遍称“青海湖”。古老

而美丽的江湖，总伴随着一个凄美或感人的传说，青海湖也不例外。相传 1000 多年前，唐蕃联姻，文成公主远嫁吐蕃王松赞干布，临行前，唐王赐她一块能够照出家乡景象的日月宝镜揽照。途中，公主思念起家

乡，便拿出日月宝镜揽照，果然看见了久违的长安，顿时泪如泉涌，甚至产生了返回家乡的念头。然而，公主想起了使命，便毅然将日月宝镜扔了出去，只见那宝镜落地时金光一闪，变成了一片蓝色的湖泊——青海湖。在青海时，我还听到一个传说，说是当年东海龙王最小的儿子施展魔力，引来一百零八条河水汇成西海——他也因此成了与他老子分庭抗礼的西海龙王。还有一个传说，应该说是一个神话，说当年孙悟空大闹天宫，被二郎神追赶到此地，正当口渴之际，发现了这个神湖……美好而神奇的传说，给青海湖蒙上了一层层神秘的面纱。

青海湖四季皆美，不同的季节，有着迥然的景色。我是八月份去青海的，夏秋之际，正是青海湖最美的时节。过了经幡飘扬的日月山口，展现在眼前的是辽阔起伏的千里草原，成群或散落的牛羊和骢马，散漫在草滩上，五彩斑驳，像一片片飘动的云，天地互动，产生幻觉。许多叫不出名字的野花，摇曳在锦缎般的绿茵上，优雅与幽意并生，顿感生命的寂寞之美。当我们接近青海湖时，湖畔绮丽的景色瞬间将我秒杀——一望无际的农田麦浪翻滚，我差点认为那就是青海湖的碧波。而最让我眩晕是大片金黄的油菜花，那么晃眼，几乎让我忘记了呼吸，但其随风四溢的芬芳，又让我鼻翼翕动，肺腑留香，感到美的真实，生命的旺盛。这大片的油菜花，不似门源那几十万亩油菜花海，黄绿错杂，让人层云荡胸，叹其浩瀚。湖畔的油菜花以其突然的金黄，与蓝天，与绿水相融，互为映衬，给人以强烈的视觉冲击，十分令人震撼。而此时，烟波浩渺、碧波连天的青海湖，静静地泊在万花丛畔，似一泓琼浆在轻漾，拍打着云天和香气。我没有在冬季去过青海湖，据说在寒冷的冬季，湖的四周，群山盖雪，草原覆玉，冰封的青海湖，敛波砌玉，银装素裹，宛如一面巨大的宝镜，在阳光下熠熠闪亮，终日放射着明亮的光芒。但我可以想见青海湖的冬时之美。

融入青海湖是一件多么惬意的事啊。当我乘舟游弋青海湖时，顿时感觉自己是大自然的一个元素，成为它壮美风光和绮丽景色的一部分。越过湖心的我国第一个鱼雷基地，二郎剑近在眼前。这条宽约百步、长50千米的狭长堤带，像一柄劈水的长剑，自南向北刺入湖中。站在二郎剑的沙滩上，极目远眺，群山连绵，云层低浮，烟波浩渺，湖水呈现不同的颜色，分不清水头云脚，水天一色，山峦似波，岸在漂移，心在云水之外。此时，你会有一种异样的感觉，与其说青海湖是一泊湖，不如说她是一片海。但有海之浩瀚，又有海之所缺的绮丽、宁寂。

青海湖，处处即景，水陆风光令人叫绝。我在海心岛辨认遍生的芨芨草、棘豆、冰草和西伯利亚蓼，感受强大的生命力的承载力和寂寞；在百鸟翔集的鸟岛上观望自在展翅的斑头雁、棕颈鸥和鸬鹚，思考生命与自然的和谐。我在沙滩上踩下自己的足印，让湖水舔舐，让湖水漫过我的心头……大美啊，青海湖，你总让我魂牵梦绕，你的拍打寂寞之美的水总是那么不经意地在我的心中荡漾。我为你写下了诗篇——

如此悠长的一天。

从大通山到青海湖
舒缓的草，整天的云一路
相随。草滩，铺排汉唐句式。

我知道这是悠长的一天
青藏高原突破忧伤的局限
吟咏西伯利亚蓼、棘豆和芨芨草。
我叙述的这天夜晚，
孤寂的鸬鹚和斑头雁
飞得比高原还高

在日月山口有人说
云头很高，有人说云头很低

西行公主回望的眼泪和星星，依旧
落在坚冷的戈壁

而此刻，青海长云暗去
雪峰消隐，二郎剑插向湖心
我站在剑的锋芒上。
我爱的人和爱我的人
都在远方。遭遇和艳遇
我都已忘记。
只是今夕是七夕
习俗谙熟，惯想使然
月光在高原上
布满针脚

而今夜，我一个人，
整个青海湖覆盖了我。
心旌不动　风颂经幡
我经历了高原、盆地和平原

（《七夕，从日月山到青海湖》，原载于2012年第4期《诗歌月刊》）

二　纳木错湖篇

纳木错位于西藏中部，海拔4718米，是世界上最高的咸水湖，也是中国第二大咸水湖。我的灵魂至今还是蓝色的。那是被纯净的让人哭泣的纳木错湖水洗涤的。这泊被藏蒙两族奉为神圣的“天湖”，给了我世界上最高的震撼。

纳木错的最美在于它的蓝。这座从“蓝天降到地面”的“天湖”，仿佛聚集了世界上所有的蓝——淡蓝、浅蓝、灰蓝、宝蓝、深蓝以及深邃如墨的蓝，这由浅而深的蓝，漂洗着人的杂念与世间的污浊。你站立于纳木错湖畔，你会感到自己与其碧蓝的湖水是一体的，与邃远而湛蓝

的天空是一体的。人与静默而灵动的大地是一体的。

纳木错有着变幻之美，阴晴风雨雪，各有其美。清晨和日暮，湖面雾霭迷茫，深蓝的湖水和远处的念青唐古拉山主峰一起隐形，纳木错有着始终的神秘；天气好时，太阳升起，云消雾散，又如步出浴室的少女，丰润而迷人；清风徐来，涟漪泛金，湖面若少女皎洁的皮肤；有时狂风大作，乌云密布，纳木错又露出神煞的面目；风雪过后，湖面恢复平静，依然泛出粼粼的蓝色波光，透出一种少妇柔媚的情韵。很多时候，纳木错四周，都是天空澄澈，风景迤逦的，草原环绕着碧蓝的湖水，湖水映照着蓝天和雪山，为我们呈现蓝色的世界。

纳木错，是藏族人心中的“圣湖”。其湖形极像静卧的金刚度母，被尊为四大威猛湖之一，传为密宗本尊胜乐金刚的道场，是藏传佛教的著名圣地。公元12世纪末，藏传佛教达隆嘎举派创始人达隆塘巴扎西贝等高僧，曾到湖上修习密宗要法，并始创羊年环绕纳木灵湖之举。信徒传说，每到羊年的时候，诸佛、菩萨、护法神集会在纳木湖设坛大兴法会，如此时前往朝拜，转湖念经一次，胜过平时朝礼转湖念经十万次，其福无量。所以每到藏历羊年僧俗信徒不惜长途跋涉，前来转湖朝圣。纳木湖畔有很多玛尼堆，教徒们经过这里，都会投下一颗石子，以寻求灵魂的超越。

纳木错湖畔四面建有4座寺庙，象征着佛教的愠、怒、权、势。湖中兀立着佛教徒们传说的五方佛化身的五个岛屿，成为信徒们顶礼膜拜的神物。五个半岛中，最大的是扎西半岛。扎西半岛上怪石嶙峋，石柱和奇峰林立，似木似物似人，千姿百态，栩栩如生。扎西半岛不仅有着奇异的景观，也是转湖的必到之处。

转湖时，还能看到当地牧民心中的世界奇迹——布谷杂日山洞。这里到处都能看到绘有飞禽走兽、花卉草木、云纹、字母等各种图案。这些图案变化无穷，时而清晰可见，时而模糊不清，其中的原委谁也说不清。最奇特的是恰多南卡岛上的两根兀立的石柱，一根浑然一体，一根中有空缝，信徒们认为这是阴阳的象征。岛上分布着许多幽静的岩洞，有的岩洞上面还有自然形成的天窗，真是鬼斧神工。

我没有见过冬季的纳木错，据说奇美无比。雪山的雄浑、冰川的峻险、岛屿的秀丽，都一一呈现，仿佛一个圣洁而高雅的白色天堂。据说，纳木错湖面每年 5 月开始融冰时，冰层崩裂会发出巨大声响，我也没有听见。这些都给我再见纳木错的理由。

三　色林错湖篇

西藏有两座“鬼湖”，一个是拉昂错，另一个就是色林错。色林错，又叫“奇林湖”、“色林东错”，藏语意思都为“威光映复的魔鬼湖”。在藏传佛教中，鬼湖亦同样被视着圣湖。佛教徒们朝拜圣湖，同时也在鬼湖旁边做更诚挚的祷告。佛教徒有着宽容的理解和豁达的慈悲。

说色林错是“鬼湖”，源于一个传说。相传一个叫色林的大魔鬼，从前居住在拉萨的西面的堆龙德庆，贪婪的他每天要吞噬千万生灵，包括人和所有的禽兽。对他的淫威，谁都束手无策。在一个雷雨过后的良辰，一路降妖除魔的莲花生大师终于找到了大魔鬼色林，色林怎是大师的对手呢？于是在莲花生大师的紧追下，色林逃到岗尼羌塘南面，藏在一个浩瀚浑浊的大湖里，大师命令色林永远不得离开此湖，在湖中虔诚忏悔，不许残害水族，并把这个大湖名为“色林堆错”，意为“色林魔鬼湖”。因此，游色林错是不必担心“出鬼”的。

色林错是个湖泊的王国，周边 23 个湖泊如同一串翡翠项链环绕着

这座西藏第二大湖泊、中国第三大咸水湖。色林错湖面形态不规则，西侧多半岛和峡湾，四面群山环抱，湖盆广阔，湖滨水草丰美，有众多的河流与之相连，是西藏最大的内陆湖水系。近年来湖面有收缩的迹象，但色林错依然碧波荡漾。有一个传说可以印证色林错是不竭之湖。相传格萨尔王征战魔王阿炯，阿炯战败，口渴难忍，恳求让他死后能喝上足够的水。格萨尔王砍下了阿炯的头，把它扔进了色林错让其继续喝水，从此湖水纵有几条大河的汇入也永远不满。其实，这个湖的湖水是咸的，人畜几乎是不能饮用的。

我们一行是驱车前往色林错的。那天阳光灿烂，接近“鬼湖”时，我远远地看到一块如蓝色液体在地平线上颤动，好像浮在地表之上，又像下雨时地面鼓起的水泡。陪同我的朋友告诉我，那就是色林错。千百年来，色林错一直在退缩，一圈圈相隔的湖岸线形成了多条天然公路。色林错的湖盆，全是松软的黑灰色砂地，车开起来几乎没有声音。站在湖畔远望，湖中有山，山又有湖，山环水绕，有一种异域的风情。湖水的蓝让天空的蔚蓝相形失色，这魔幻般的高原之湖，让人感觉到它的蓝色在颤动，在呼吸。让人感到它就是这片荒芜而广袤的大地的唯一主宰。我傻傻地站在它蓝色的边缘，万籁俱寂，我与天、地、湖就这样静静对峙着，感觉自己也融入到无边的蔚蓝里。只有风吹过时，我才确定我的存在，那让一切消隐的蓝色是湖水。但我依然看不到湖的彼岸，感觉自己站在大地的尽头。

啊，色林错，在你的旁侧，人，鬼，神，一切的经过与遭遇，悲悯与救赎，都在我被你蓝色淹没的眼波里了。

四 乌伦古湖篇

很久以前就有人就乌伦古湖的属性争论不休：有人说属中国的十大淡水湖，有人认为是中国的五大咸水湖。其实，回答这个问题并不太难，只要弄清楚乌伦古河的构成就行了。

乌伦古湖是位于新疆准噶尔盆地北部的断陷湖，也是乌伦古河的尾闾湖。维语称噶勒扎尔巴什湖，又称布伦托海、大海子，又名“布伦托海”、“福海”，蒙古语音译为“云雾”之意。乌伦古湖形似三角形，由大海子（乌伦古湖）和小海子（吉力湖）两个水域组成。面积730平方千米的大海子是咸水湖，面积165平方千米的小海子是淡水湖，按照比例，依大不就小，乌伦古湖当然属咸水湖了。

乌伦古湖素以“戈壁大海”和鲜美“福海鱼”而著称。我是七月下旬去新疆的，从克拉玛依市出发，沿蜿蜒险峻的公路，一路驱车驶向

阿勒泰，乌伦古湖就在这两个城市之间。一路沙丘戈壁滩，人烟稀少，在茫茫的戈壁滩上，我还有幸见到了海市蜃楼，看到了遥远的客栈和战马。下午时分，在我昏昏欲睡之际终于到达了湖畔。跃入我眼帘的是一片闪光、湛蓝的湖水，那么安静，在千里寂寞的戈壁中自在地荡漾着。东南岸，细腻柔软的沙滩全部由白色石英砂组成，没有一块淤泥。我脱下鞋袜，卷起裤脚，趟着水向湖中走去。湖边的水很浅，刚没踝，被太阳晒了大半天的湖水，暖暖的，一种清澈见底的温暖。被千百年湖水浸泡、冲刷的细沙碎石光滑圆润，踩在脚板下痒痒的，非常舒服，好似脚底按摩；又感到自己正踩过被时光打磨过的历史。不远处，一丛丛芦苇钻出水面，在阳光下摇曳，长长的叶子闪着白光，像五线谱上的音符，跳动在飘满涟漪的湖面上。放眼望去，水天相接，壮阔浩瀚，使人神舒心畅，顿生扑入湖中的冲动。

上岸后，意犹未尽，我和朋友沿着湖岸往北走，展现在我们眼前是一条长约10千米的银色沙滩，那种白与湖的蓝对比十分强烈，让人震

撼。此时已是傍晚，“一道残阳铺水中，半江瑟瑟半江红。”湖面静寂，水鸟翔集，落霞与群鸟齐飞，湖水共长天一色。乌伦古湖的傍晚真是美不胜收。

小海子在大海子之南，两岸菖蒲丛生，芦苇茂密。湖中鸥鸟展翅，白天鹅、斑鹤翱翔。泛舟湖上，好似穿行于云水之间，堪与“八百里洞庭”媲美。乌伦古湖不愧是准噶尔明珠。

听当地的导游说，乌伦古湖冬季也非常之美，踏雪寻鱼已成为乌伦古湖之冬的别致风光。

乌伦古湖，一幅绝美的油画！

五　羊卓雍措湖篇

很久前，我就知道藏族和蒙古族都将羊卓雍措湖称为“圣湖”，但不知所以然。

那次去西藏之前，我特地查阅了一些典籍，发现藏族和蒙古族虽说都尊崇羊卓雍措湖，但含义不同。藏族人视羊卓雍措湖为“圣湖”，是因为其能助寻达赖喇嘛转世灵童。达赖圆寂后，由西藏上层僧俗组成负责寻找灵童的班子，先要请大活佛打挂、巫师降神，指出灵童所在的大方位；然后到羊卓雍错诵经祈祷，向湖中投哈达，宝瓶，药料等；最后，主持仪式者会从湖中看出显影，指示灵童所在的更加具体的方位。

如果上述 3 种仪式所示方位一致，便可派出人马，循所示方位寻找灵童。蒙古族人崇拜羊卓雍错，更多的是将她奉为羊卓雍措达钦姆，即羊卓雍措大湖主多杰盖吉佐（金刚障碍之主），她是藏区的女护法神。因此，羊卓雍错既是龙女的化身，又是女护法神的驻锡地，兼具多重功能或神力。

羊卓雍措湖（以下简称为“羊湖”），藏语意为“碧玉湖”、“天鹅池”，是西藏三大圣湖之一。据说，虔诚的佛教徒每年都要前往朝拜，祈求佛保佑其一年吉祥如意。绕湖一圈，等于到拉萨朝圣一次。但这一绕，骑马也需一个月左右，徒步就需更长时间了，而这样做，正是对朝拜者虔诚度的最好的考验。

羊湖风景异美，冠绝藏南。羊卓雍措被誉为世界上最美丽的水。从字面上看，羊卓雍措之“羊”，即上面；“卓”，即牧场；“雍”，即碧玉；“措”，即湖，连起来就是“上面牧场的碧玉之湖”。羊湖在藏人心目当中被看做是“神女散落的绿松石耳坠”，而我们从地图或高空俯瞰发现，它确实神似一只蓝色的耳坠。

我们是从拉萨开车前往羊湖的。越过雅鲁藏布江大桥，翻过甘贝拉山口，美如碧玉的羊湖便展现在我们的面前。站在湖畔，满目湖光山色。碧蓝的湖水平滑如镜，白云、雪峰清晰地倒映其上；湖中小岛散布，野鸟成群，湖畔牧草丰美，风景奇绝。湖泊、雪山、岛屿、牧场、林木、寺庙，交相辉映，错落有致，人与自然和谐相处，构建了一个人间仙境。

那次在羊湖畔，我做了一个大胆的决定：露营羊湖，以便近距离、更真切感受羊湖的美。同伴们在惊诧之后赞同了我的想法。夜晚的羊湖真是静极了，那一夜我知道了什么叫万籁俱寂。我在白亮的星光下、在呼吸般的羊湖的拍浪声中进入梦乡。羊湖之夜让我至今难忘。第二天清晨，我被一群鹭鸶和沙鸥叫醒，清晨的羊湖好像娇羞的美女，将摄人心魄的玉容藏在薄纱般的白雾中。此时，举目羊湖，一片茫然，但探前几步，我发觉自己如置身梦幻的世界。不多时，太阳出来了，浓雾被阳光消散，此时的湖面波澜不惊，宛如娴静的处女，清晰而圣洁。清澈的湖水、巍峨的雪山、如洗的蓝天，仿佛一瞬间现于你的眼前，令人陶醉、震撼，涤荡着你的灵魂。

羊卓雍措，圣湖啊！

世界最高的火山湖

——长白山天池

小平同志说："人生不上长白山，实为一大憾事！""上了长白山，而没有观天池，实为憾事中的憾事！"这是我说的。

我到过很多天池。新疆的天山天池、青海的孟达天池、四川的华蓥天池……我甚至在天山天池里荡舟，撷起烈日下依然凛冽的碧水。但长白山天池一直是我远方的梦。

去长白山天池前，我就听过两个传说。一是说天池原本是太白金星的一面宝镜。西王母娘娘有两个花容月貌的女儿，谁也难辨姐妹俩究竟谁更美丽。在一次蟠桃盛会上，太白金星掏出宝镜说，只要用它一照，就能分出谁更美。小女儿先接过镜子一照，便羞涩地递给了姐姐。姐姐揽镜左顾右盼，越看越觉得自己漂亮。这时，宝镜开口了："妹妹更漂亮。"姐姐一气之下，当即将宝镜抛下瑶池，落到人间变成了天池。一是说，长白山有一个喷火吐烟的火魔，使全山草木枯焦，整日烈焰蔽日，百姓苦不堪言。有个名叫杜鹃花的姑娘，为了降服火魔，怀抱冰块钻入其肚，用以熄灭熊熊大火，火灭后山顶变成了湖泊。一仙一魔，比

美仙而露气度，镇炎魔而显勇敢，这越发激起我对天池的好奇之心。

2011年4月，我的长白山天池之旅终于成行。初春已临，长白山依然到处是积雪。从南坡坐雪地摩托登临天池，一路风驰电掣，寒风灌口。犁翻的积雪像翻腾的海涛，而我一直颠簸在潮头。有好几次差点被甩出车外，但想到美好的湖水在高处等我，向往打败了艰难与恐惧。我见着了梦中的天池。

长白山天池在长白山的峰顶，又称白头山天池。长白山远古时期就是一座火山，而处于峰巅的天池，就是一个盆状火山口。天池四周，群峰环抱，周边的16座山峰，皆是火山喷出的熔岩堆积而成的。站在天池边向内俯瞰，峭壁千寻，巉岩覆雪，如一只盛满寒气的玉盘，冷美而壮观。史料载，天池水“冬无冰，夏无萍”，看来并不尽然。夏无萍是真，冬无冰却不真实。我们去时虽值初春，天池依然冰封。导游告诉我，最冷时的天池冰层厚达 1.2 米，每年的 11 月末封冻，到翌年的 6 月才解冻。因此，俯视下的天池，神似一座天然剔透的冰雪舞台。远眺周边，满山

未及消融的瑞雪，点点片片，好似冷美人露出的冰雪肌肤；雪野起伏数十里，宛如小伙的隆起的胸肌，又似少妇凝脂般曼妙的曲线。站在天池边，就是站在火山口，但大可不必担心火山爆发。从目前的观测结果看，并没有发现火山复苏的征兆，你只管宽心欣赏她的冷艳。

我贪婪的目光，是被一阵阵如雷的轰鸣声折断的。蓦然回首，断崖处一块巨石将外泄的湖水，分为两股，从悬崖上一跃而下，似两条玉龙挂于川前，砸向深谷，溅起几丈高的雪浪，似天女散花，如高山崩雪。天池高居海拔 2154 米，如孤悬天际的冰轮，群峦密绕，没有入水口，只有出水口，但湖水却终年外流不息，虽冰雪不能使其冻流，成为松花江、鸭绿江和图们江的三江源头，实在匪夷所思。

第二天，我们从北坡攀登观天池。北坡是一个非常陡峭的沙坡，四

面悬崖，到处都是冰层和积雪，坡陡道滑，而且寒风刚猛、凛冽。选择爬北坡看天池，确实是个体力活，对人的体质和耐力是次检验。攀到天池边，见到小平同志手书“天池”的石碑时，我已是大汗淋漓，气喘吁吁。往下看天池，天池白茫茫，依然没有见到宝石般幽蓝的湖水。导游宽慰我说，登长白山十次有八次是看不到天池之水的，需要缘分。由于气候、环境、季节等原因，这座位于火山口上的高山湖泊、中国最深的湖泊，常把自己隐秘于白雪、白雾和白云之中。看来我和天池的缘分没到。这个遗憾，就留待下次弥补吧。

中国最大的熔岩堰塞湖

——镜泊湖

许多年前去东北时就听说过镜泊湖的传说，以致我曾想立即前往藏身于黑龙江省牡丹江市崇山峻岭之中的这个堰塞湖。但由于行程紧张，最终只好作罢。但神奇的传说一直萦绕心头。

一个是关于红罗女的传说。很久很久以前，位于靺鞨国的镜泊湖畔住着一位美丽的渔家女，她在湖边日夜织锦。天鹅见了，留下身上洁白的羽毛，大雁见了，留下翼下的细绒。她用天鹅的羽毛和大雁的细绒，用参花染成鲜艳的红色，做成锦衫和罗裙穿在身上，更显得她美丽无比，因此大家都叫她红罗女。

另一个传说也与红罗女有关，但它是关于镜泊湖的，有两个版本。

一说是很久以前，牡丹江畔住着一个美丽善良的红罗女。她有一面宝镜。哪里的人们有苦难，她只要用宝镜一照，便可以消灾弭祸。此事传至天庭后，引起了王母娘娘的忌妒，她派天神盗走了宝镜。红罗女上天索取，发生了争执，宝镜从天上掉了下来，就变成了镜泊湖。另一说是很久很久以前，靺鞨国王要选王后，命人打造了一面宝镜，此镜可将天下最美的女子照到镜子上，永不消失。国王命老道士携镜四处寻找美女。老道穿州过县，所到之处所见美女无数却无一人可映到镜子上。最后来到镜泊湖边，见远处一叶轻舟，上有一位红衣女子正在梳妆，婀娜妩媚，美丽异常。老道马上拿出宝镜一照，女子立刻印到了镜子上，再也拂之不去，他十分惊喜。此女正是红罗女。老道于是说明来意，红罗女笑着说道："我自幼发誓，谁能答对我的问题，才能与我谈论婚嫁——什么是世上最可宝贵的?"老道站在那里想了半天也没有想出来。正在这时，湖面狂风大作，将老道手里的那面宝镜，打落在湖里。镜子刚落到湖面，湖面顿时风平浪静，宛如一面镜子摊在湖面上。最终国王的亲事没有提成，倒是给后世留下了一座美丽如镜的湖泊。

传说终归是传说，留给人们无限的想象与向往。但我到镜泊湖不是寻找红罗女或艳遇的，当然是冲着她的俏丽风光去的。我当然也知道镜泊湖并非如传说所言而形成的。资料显示，镜泊湖是历经五次第四纪火山爆发，由熔岩阻塞河流形成的高山堰塞湖，这在世界上是少有的。历史上称阿卜湖，又称阿卜隆湖，后改称呼尔金海，唐开元元年（713 年）称忽汗海，明志始呼镜泊湖，清朝又改称毕尔腾湖。清以后通称镜泊湖，意为清平如镜。

镜泊湖湖形优美，岸线蜿蜒曲折，呈S型，许多曲美港湾，如同红罗女柔美的手臂与身姿。湖中有岛，岛中有湖，碧水绿树间，吊水楼瀑布、大孤山、小孤山、白石砬子、城墙砬子、珍珠门、道士山和老鸹砬子犹如八颗异彩照人的明珠，使得90.3平方千米的镜泊湖熠熠生辉。

我们乘游艇向东南逆流而上，不多久便看到一山跃出水面60多米，同伴告诉我，那就是“大孤山”。说是山，其实是一座仅一万平方米的湖中岛，状似一头饮水的水牛横卧湖中。山上野花烂漫，开满了李、杏、玫瑰和杜鹃等花，疑为仙女的后花园，不愧别名为“花山”。我们弃舟登岛，沿山径攀爬。两旁灌木丛生，针阔混交林浓荫蔽日。登临峰巅，极目远眺，天水相接烟波浩渺，湖光波影尽收眼底。忽然一片云霭飘来，湖面像犹抱琵琶的女子，半隐半现，静谧、幽雅的环境让人顿生在此安度一生的念头。

我们游镜泊湖时，正值枯水期，但湖水依然浩渺荡漾，湖中的小岛也看得格外清晰。我们老远就望见两粒珍珠似的小岛。行舟其间，发现两岛相距只10来米，沙滩裸露，有古城遗址布于西岸。两岛对峙，仿佛一道天然门户，被当地人称为“珍珠门”。传说是当年红罗女坚拒求婚，将富商的两颗求婚珍珠抛于湖中，衍化而成的。

镜泊湖的风景还有很多，皆原始天然，峻奇神秘，风韵独特。美丽的传说，更为这“北方的西湖”增添了奇丽的色彩。到镜泊湖，虽然没有遇见“红罗女”，但如她一样风姿卓越的美景，我见着了。

四湖连珠

——微山湖

说起南四湖，许多人可能不太清楚，但说起微山湖相信大部分中国人都知道。一部《铁道游击队》的电影，让微山湖名闻遐迩。“西边的太阳就要落山了，微山湖上静悄悄……”，那支伴随土琵琶的优美的歌声，几乎影响了两代中国人。是的，南四湖就是微山湖，就是铁道游击队故乡。

南四湖是广义微山湖的别称，因位于山东济宁以南得名，由微山湖与昭阳湖、南阳湖、独山湖 4 个水波相连、分界不明的湖泊串联而成。因微山湖面积比其他三湖都大，所以统称微山湖，乃是中国北方最大的淡水湖。微山湖南北长 120 千米，东西最窄处仅 5 千米。1960 年，在最窄处的湖腰建了一座拦湖大坝，狭义的微山湖就是指大坝的下级湖——小微山湖。

微山湖水面辽阔，风景优美，有很多的文化古迹。我们乘舟前往湖中第一大岛——微山岛，最具考古与观赏价值的人文景观大都在此岛上。岛上有名墓三座——殷纣王的哥哥、宋国始祖微启微子墓，被汉高祖刘邦赞曰“运筹帷幄中，决胜千里外，子房功也”的张良墓，春秋时殷微子的17世孙、著名政治家和军事家目夷墓。一路清泉相迎，秀木环抱，大量的庙宇亭台、古碑刻石、汉画像石等古迹分布其间。站在铁道游击队纪念碑前，我想起了70年前的抗日战争中神勇的游击队员，想起了2000年前的秦汉之争，想起了3000年前的武王伐纣。历史的风云像墓碑一样让人沉重，微山湖水承载了千古不变的微山岛，微山岛掩埋了多少烟霞往事。

我穿越历史的沉重感，不一会儿就像微山湖的水波一样远去了。在摇晃的小舟上，我被万顷的荷花震惊了。有道是“微湖归来不赏荷”，在见识过“中国荷都”——微山之荷后，我信了——10万亩荷花遍开湖中，在碧波之上铺陈另一层面的碧波。荷花出淤泥不染，我却被满湖弥漫的荷香浸染。鱼戏荷叶东，鱼戏荷叶西，一湖山水半湖荷，“接天莲叶无穷碧，映日荷花别样红”。我忽然想起清代诗人赵执信在一首歌咏微山湖的诗中写道：舟前水泱漭，湖上山横斜。湖中何所有，千顷秋荷花。山雨飒然来，风香浩天涯。移舟青红端，飘若凌绮霞。林光村远近，楼影帆交加。疑是桃花源，参差出人家。流览情所喜，避地想更佳。我又想到一位记不清姓名的明朝诗人的两句诗：翠嶂眉横双黛远，澄波心浸一珠圆。14 字将山形、湖光、心情活灵活现地表现出来。古意正合我心啊。

每当我念起微山湖，脑海里总是浮现一幅厚重而秀丽的油画——那岸边的山、那湖中的岛、那森森之木、那澄明又缥缈的湖面、那点点唱晚的渔舟、那神秘的芦苇荡、那一碧万顷又清香沁人的莲荷……我甚至起了立即再去微山湖念头，像被康熙帝赞为“山中宰相”清朝诗人殷重礼那样：一蓑一笠一孤舟，一丈长竿一寸钩。一曲一歌一樽酒，一人独钓一江秋。不辞长作微湖人，我愿。

中华水景之王

——九寨沟

我是在某年的10月到九寨沟的。我到过许多大大小小的湖泊，见识过它们大同小异或各具神态的水。总的感觉是，凡事还须循序渐进的好，不能将高潮当做开始，否则将食之无味或错过了事物本来的美好。就像到新疆，须先看天池，再看喀拉斯湖，这样更能引人入胜。若顺序倒置，那天池就是一只洗脸的面盆，喀拉斯湖则是一汪风情万种的游泳池。因为九寨沟的多面神奇，几乎包容了天下之水所有的姿色。曾经沧海难为水。黄山归来不看岳，九寨归来不看水，信哉斯言！

九寨沟的水不是孤立的。原始森林间三条主沟呈Y状，以奇丽的泉、瀑、河、滩将118个海子连缀一体，千姿万态，千颜万色，不是一个“碧”或“绿”字能够形容。水穿古树林，树生奇水中，水树相依、相融。自然生就的一个大格局。山、林、云、天倒映水中，更添水景形色。山、林、水交相依傍，水色映山林青葱，木秀衬水色奇绝。湖泊与瀑布连生，湖的宁静翠蓝与瀑的泻玉飞白，动静相生，刚柔相济，充满无限生机，让人如入梦幻仙境和童话世界。

九寨之水是充盈灵性的。潭光瀑影，梯湖彩池，绮丽曼妙，光怪陆离，集色、形、声三美于一体，自然的原始美错杂、统一，高度和谐，呈现一种境界和美学法则。

九寨之美，最在于水色。九寨若藏于深闺的绝世丽人，有着令人遐想的万方仪态。激流、清泉，五滩十二瀑，三沟一百一十八海，水色各异，或黛兰，或翠绿，或晶莹剔透，或明澈如镜，或五彩斑斓，一年四季皆有景，一日时辰景不同，一湖之水色不同。天光云影共徘徊，雪峰彩林映湖中，湖水焕彩，幻象无穷。阴晴朝夕幻化，春夏秋冬嬗变，湖水也随之变成黛绿、深蓝、翠蓝等多种颜色。在五花湖，你可以看到湖底的钙华沉积和各种色泽艳丽的水藻，以及沉水植物的分布差异，一湖之中，色块纷呈，宝蓝、翠绿、橙黄、浅红，似无数异彩的宝石镶嵌成的巨形玉佩，令人眼花缭乱，让人几欲葬身其中。我去九寨时正逢金秋十月，湖畔的滩上和山坡上，五彩缤纷的成片相间的杂树倒映湖中，像一条条斑斓的乖乖虎，潜入异彩纷呈的水域。在五彩池，你可以看到令人心绪飞扬的翠蓝之水。在天鹅湖和草湖，你又可以看到幽静得让你沉醉的碧绿之水……长湖、镜湖、卧龙湖、熊猫湖、犀牛湖等都有超出人类想象的色泽。晨光夕照，阳光月色，118 个海子，又有别样的颜色。大自然用它那神奇莫测的调色棒，将九寨沟幻化成绝美的色彩之渊。

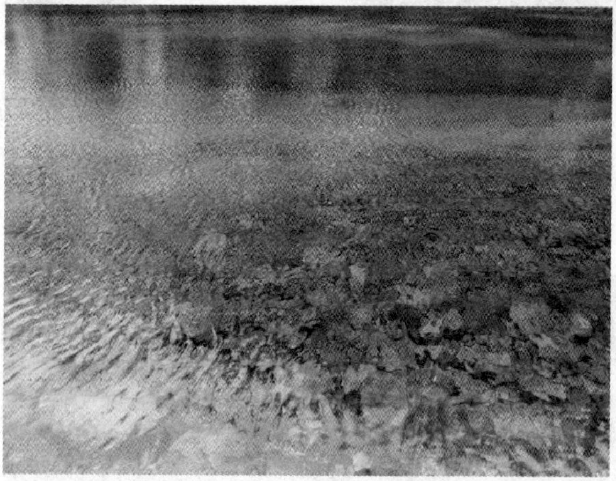

九寨之美，重在于水之胜形。九寨湖泊、滩流、瀑布相连，林中流瀑，湖下有瀑，瀑泻入湖，湖瀑孪生，层叠衔依，飞瀑多姿。一位画家告诉我，九寨的水形，比例恰当，构图巧妙，线条匀称，节奏明快，不论从哪个视点和角度，都能看到极为美丽的画面。其实也确实如此。九寨的水景，质异而形多，一百一十八湖各具神态。或独处，或群居，或浩荡缥缈，或绮丽隽秀；或像熊猫，或似犀牛，或如明镜，或若天鹅，或是卧龙……或以倒影取胜，或以色彩称雄。十二瀑，瀑瀑有势。诺日朗——中国最宽的瀑布，状如新月，熊猫湖瀑布有如银河天落，树正瀑布宛如银练飞舞……十流五滩，滩滩有形。或如盆景附地，或如珍珠飞溅；或如激流，或如漫流……水景美态，不一而足。

九寨之美，还在于水声之美。飞瀑直泻，似崩雪跌宕，如万马奔腾，犹千车过岗，轰若雷鸣，震人魂魄。水流穿林，急湍拍石，声响时远时近，忽隐忽现。又有漫流过滩，水声细绵，如一万条鲫鱼逆水游行，啪啪作响。更多的地方和时候，湖水是静寂的，寂静得让人敞亮或忧伤。如安静的处女，让人心灵涤净。犹如俏丽的少妇，万般姿色，只是浅笑无语，令人心旌摇荡。在九寨沟，春天时，你能听见花开的声音；夏日里，你能听见瀑流的声音；深秋时，你能听见红叶燃烧的声音；隆冬时，你能听见雪落湖面的声音。在九寨，你能感到城市的喧嚣在千里万里之外，而自己在高原的深处，听自己的心跳。静美，是九寨的另一种声音。

啊，神奇的九寨，一场四季轮回的集水形、水色、水声于一体，尽呈水景之美态，视觉、听觉、感觉的盛宴。九寨，自然之美、美之自然的天造画卷！

高原母湖

——泸沽湖

泸沽湖是一个弥漫传奇和浪漫的水域，仅一个"走婚"的习俗就令许多人心驰神往。我的一位朋友告诉我，他愿意放弃城市优裕的生活，当一名"阿夏"*，每天和美丽的摩梭族姑娘划着猪槽船，在宁静的泸沽湖里捕鱼、荡漾、放歌。爱山水，也爱美人，鱼与熊掌兼得，真是人间最奢侈的美梦。

去过泸沽湖的人都知道，泸沽湖畔的摩梭人，仍然保留着古代早期对偶婚特点的"阿夏"婚姻形态，保留着"男不婚，女不嫁，结合自愿，离散自由"的"一夫多妻"和"一妻多夫"的母系氏族"走婚"制度，维系着由女性当家做主和女性成员传宗接代的母系大家庭。这在全人类都遍行一夫一妻制的今天，在全世界是唯一的，而这唯一的婚俗也仅局限在幽美的泸沽湖畔。这一不可复制的习俗使人对泸沽湖的神秘与美更加神往。

泸沽湖水景之美为历代称道。明朝大旅行家徐霞客在其巨著《徐霞客游记》中写道：“内贮四池，池水各占一色，皆澄澈异常，自生光彩。池上有三峰中峙。”他同时代的诗人胡墩赋有诗曰：“泸湖秋水间，隐隐浸芙蓉。”清朝诗人曹永贤赋诗赞道：“祖龙求神仙，三山渺何处”，盛赞泸沽湖如蓬莱仙境。美籍地理学家约瑟夫·洛克在美国《国家地理》撰文称赞“无法想象还有比这更美的水景”。徐霞客提到的“四池”即指泸沽湖及其附近的三个小湖。曹永贤诗中的“三山”与徐霞客的“三峰”同指湖中的三个小岛。看来，泸沽湖不仅水美，岛山亦美。

我是从成都拜谒杜甫草堂后直接乘车去泸沽湖的。我不知道杜甫是否去过泸沽湖，是否迷恋她的山水之美和独特的人文历史。但 10 个小时山区车程让我几乎昏昏欲睡，疲于旅程的寂寞，而那些美好却在千山之外，仿佛与我无关。毕竟，我的这趟行程不是“走婚”。但一位姑娘的尖叫：你们看，泸沽湖！瞬间将我拉回渴望的现实。泸沽湖静泊于大山丛中，湖水清澈蔚蓝，如碧玉藏于千里苍翠之中，古朴、纯净、宁静，远离嚣市尘俗，像一位不谙尘事浑身散发异香的处女。我惊诧这泊川滇两省交界、海拔高峻的界湖，藏名水于深山，守寂寞于荒野，不躁、不怨，不思迁，兀自展现自身绝美的芳华。泸沽湖，像一位曾经沧海、为爱而隐的高士。

泸沽湖的水，虽然净寂，但有一种变幻之美。一年四季，各具色态。阳春三月，万花围湖，万紫千红掩映明镜般的“母湖”；芳香馥郁，香浸湛蓝色的湖水。盛夏六月，碧水荡漾，凉爽的山风掠过湖面，波光粼粼，像摩梭族姑娘开朗的笑容。金秋十月，湖水碧蓝，波光闪烁，云影徘徊，水天相接，更有“秋水共长天一色”的意境。寒冬腊月，山色苍茫，水色多变，雨则烟雾缭绕，晴则浮光耀金，雁鸣鸟翔，又有“落霞与孤鹜齐飞”的壮丽景象。其实，幻变的泸沽湖，水色一日之内的不同时辰也各有其美。清晨，晨雾笼山，青岚罩湖，曙色之中，波光隐形。湖面上，猪槽船时隐时现，穿梭于轻纱般的晨雾间，间或传来贴着湖面飘来的歌声。中午，微风轻拂，湖面泛起层层涟漪，一只只猪槽船便如柳叶飘落；下午，俊朗的风推着巨浪，滚动着雪白的浪花；夜晚，星月沉湖，一派寂静，山水朦胧，缥缈如仙境。

泸沽湖水拍打的岛山也有别意之美。湖中散布的 5 个全岛、3 个半岛、1 个海堤连岛，岛岛上皆林木葱茏，浮在汪汪绿水之中，像摩梭族小伙儿走婚时献给姑娘的定情信物。鸟瞰时又像载满爱意的绿船，停泊在柔波荡漾的湖面上，给人以无限的遐想。在泸沽湖畔，你很难做到湖水一般镇定，往往是思越千山万年，想象或远或近的际遇或际会。

我想到了肖淑明。我感觉肖淑明就是泸沽湖水包围的一座“孤岛”。这位 1943 年四川雅安女子明德中学的才女兼校花，一个地地道道

的汉族女子；这位摩梭名字为“次仁尔玛”的泸沽湖末代“王妃”；这位将所有泪水抛进泸沽湖的“当代王昭君”。她16岁“和亲”远嫁比自己大16岁的外族土司后，独自执掌泸沽湖大印几十年，活了81岁，却58年没有踏出泸沽湖半步！寂寞的孤岛，坚守的孤岛，使命的孤岛。美丽的湖泊，总有美丽的故事，而故事的核心往往都是美丽得让人欲哭的女子。

站在湖的南岸，隔湖远望，屹立北岸的秀丽的“格姆”山——摩梭人的女神，像一头昂首而卧的狮子，护佑着美丽、开朗而别有性情的泸沽湖，让我瞬间感受到了“母湖”的神性。而正是这神性，使得发生在湖中、湖畔的一切变得生动、自然。

水美，山美，人更美的泸沽湖啊，我为你写诗了——

湖面上
有着我不能领悟的一面

湖水在动荡
破碎的镜子隐去
焦虑的语言

此时　路经此地
我甚至忘记了湖心
横卧着整个秋天的灵魂

有过燃烧，
有过昨夜的熄灭
只是没有触及你的火焰
我已成为灰烬

（《湖畔》，原载于2012年第6期《诗选刊》）

* “阿夏”是泸沽湖摩梭人中有情爱关系的男女双方的互称。

上帝的调色板

——喀拉斯湖

我们是从乌鲁木齐向喀拉斯进发的。喀拉斯湖在新疆的最北面，距离乌鲁木齐800多千米，无论是坐飞机，还是乘车前往，都得历经很长时间的颠簸。我们选择了千里汽车之旅，这样更能近距离感受新疆的独特地貌和风情。

到达布尔津时天已向晚，这座宁静的小城是去喀拉斯湖的必经之地，我们与绝大多数到喀拉斯去的人一样选择在此过夜。七月下旬的布尔津的夜晚，充满凉爽的气息和烤鱼的味道，人们呼吸着洁净的空气，品尝着冷水里长大的鲜美鱼虾，享受舌尖上的美味，消弭胸中的块垒。布尔津河围绕着小城，静静地流淌，让人一夜无梦。这条源于喀拉斯河、中国唯一流入北冰洋的额尔齐斯河的最大支流，让你在远离喀拉斯180千米地方就能闻到湖水的味道。

顺着喀拉斯河逆流而上，你会依次看到三道美丽的河湾——卧龙湾、月亮湾、神仙湾。卧龙湾的沙洲岛酷似一条翠龙静卧水中；月亮湾蜿蜒迂回，静泊山谷，宛若空中一轮明月；神仙湾波光粼粼，如众仙落凡。满眼望去，通往喀拉斯湖的河畔，山峦，云杉、冷杉、落叶松、五针松、欧洲山杨、白桦林等林木遍覆，交叉杂居，荫映一体，自然而有层次，像一首交响乐的序曲。古老、幽蔽而又极富异域形质的植被，为喀拉斯湖平添了一份神秘。

沿着木制的栈道逆流往北，喀拉斯湖就横陈于眼前了。我们一行分乘快艇，飞驰于碧玉般的湖面。蓝天，雪峰，白云，碧树扑入眼帘，感觉自己正融入湖光山色。虽然寒风透衣，仍旧被奇异的风景吸引而忘记了寒冷。环顾山麓湖畔，林木葱翠，绿草如茵，野花斗艳。山巅冰川积雪，银光闪烁。不同颜色的植物随坡就势混交一起，好似一幅色彩斑斓的水粉画或质感扑面的油画。万绿丛中，白色的白桦林非常显眼夺目，像守护喀拉斯湖的眼睛。湖畔和山上的树木种类很多，除了云杉、冷杉等，喀拉斯湖现有约800多种植物，其中灌木柳、接骨木、鹿根、小叶桦、新疆五针松、新疆冷杉，以及西伯利亚花楸、阿尔泰大黄鸡腿参等为我国独有。在喀拉斯，我总有在瑞士日内瓦湖的感觉。我们的快艇沿

着自然形成的6道湖湾，劈波斩浪，将雪白的浪线甩在身后。喀拉斯湖的每一道湾都有一个神奇的传说。一道湾是一个巨大的羊背石，上有两处岩画，好似一只卧羊，昂首观湖；临湖生长一棵西伯利亚雪松，似在翘首待迎客人的到来。二道湾湖水最深，也是传说中的“湖怪”经常出没之地。三道湾有一处天然的观湖台。四道湾有一个美丽的湖心岛，像一整块浮出水面的巨石，却树木葱郁。五道湾湖畔有一座喜鹊山。六

道湾就是湖的尽头了，雪山壮丽，“枯木长堤”，奇景别致。导游告诉我，这座长25千米、宽1.6到3千米、面积37.7平方千米的我国内陆第二深湖泊，原是喀拉斯河的一段河床，后由于冰渍堰塞成湖，湖水最深处达188.5米。我有些怯意地向水底探望，湖水深蓝清澈但深不见底，脑子里“湖怪”的影子一直挥之不去，让我想象湖底世界的神秘。

喀拉斯湖的水非常凉，在擦着湖面飞驰的快艇上我伸手试水，凛冽惊人，甚至有些刺骨。我知道这些湖水都是阿尔泰山主峰——中俄蒙边境友谊峰上的冰川积雪融水。喀拉斯湖的水色是幻变的，随季节更替、气候变化而呈异色，靓丽而神奇。晴日里，以深蓝绿为主色调；阴雨天，以暗灰绿做底色。我们去喀拉斯时适逢炎炎夏日，冰川融化，大量乳白色的烨状冰碛物流入湖中，蓝绿色的湖水融进了乳白色，真是匪夷所思。陪同我们的新疆朋友告诉我，喀拉斯湖天气变化多端，阴晴雨雪，霞雾风云，并不完全受季节的影响，就是同一天也可能忽而阳光明媚，忽而浓雾朦胧，忽而乌云阴雨。当地人说喀拉斯湖是上帝的调色板，真的没错。

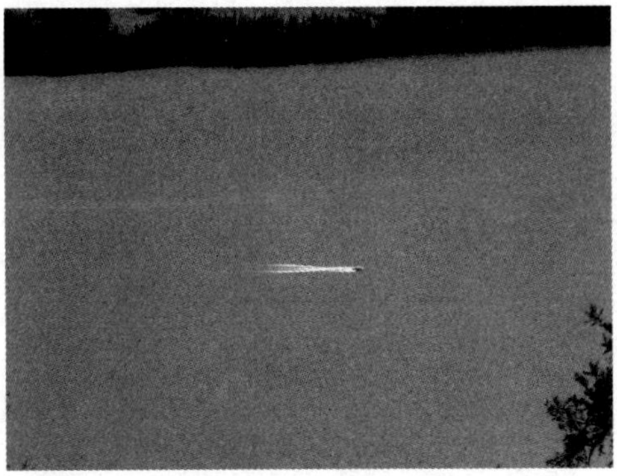

观喀拉斯湖全貌，仅仅乘快艇在湖面上游弋一圈是远远不够的。许多人选择攀爬或骑马登上湖西边海拔2030米山上的小亭，这是景区的制高点。小亭名曰观鱼亭，专门供游人观看喀拉斯全貌和“湖怪”的。但据我所知，到目前为止，还没有一个人在此亭上见到过“湖怪”，不过倒给人提供了一处全观湖貌的好去处。我没有上观鱼亭，我选择坐直升机在湖面上超低空飞了两周。透过舷窗望去，喀拉斯湖如碧玉静泊冰川雪岭和绿树碧草之间。湖水翠绿，峰峦叠嶂，森林茂密，草场起伏，湖光山色，错落有致，美不胜收。冰峰雪岭与蓝天白云相接，青山、碧树、绿水、草地自然相连。牛马如棋子散布草甸林中，木屋似积木搭建在湖边河畔，从天上看喀拉斯，别有一番景象。从直升机上下来，感觉自己回到了天上人间。

好多年过去了，我依旧时常忆起喀拉斯的三天两夜，想到炎炎夏日里我穿着军大衣在湖边的林中漫步，回味与一大群互不相识的游人手拉手围着篝火跳舞，想到“湖怪”，想到大红鱼，想到哈萨克的少女……

喀拉斯河畔，我住过的小木屋还在吗？喀拉斯湖，你好吗？

天下第一秀水

——千岛湖

千岛湖，一个年轻的湖，是1959年建造新安江水电站时才筑坝蓄水而成的人工湖。千岛湖像一颗灿烂的明珠几乎等距地静泊在杭州和黄山之间，名水将名城、名山连成一线。许多人喜欢拿千岛湖与西湖相比，说它面积比西湖大104倍，蓄水量比西湖大3000多倍。其实这并不能说明什么，因为没有比出千岛湖的特质。

我曾两次到过千岛湖，而且我还知道世界上有两个千岛湖——一个位于浙江杭州西郊淳安县境内，另一个位于加拿大。有人说千岛湖共有岛屿1078个，而加拿大的却有1800多个，因此我国的千岛湖并非世界上岛屿最多的湖。我说，错，计算方法不同。加拿大人对岛的定义非常宽泛，只要全年露出水面1平方英尺（约930平方厘米）、并且生长一棵树以上的土地，就可以称之为岛。因此，加拿大千岛湖里有不少“岛屿”其实就是一块礁石。这与中国通常以面积定义的岛屿是不一样的。

我们说中国的千岛湖共有岛屿 1078 个，是指水位在 108 高程时，面积超过 2500 平方米的土地。如果以加拿大的方法计算，中国的千岛湖大小岛屿就超过 2000 个了，比加拿大的千岛湖还多 400 多个呢。因此，2009 年世界纪录协会采用中国的计算方法评定，千岛湖成为名副其实的世界上最多岛屿的湖。

——多岛，多达 1000 个岛，而且湖岸群山巍峨，湖岛堆绿叠翠，湖水澄清逼人，岛屿星罗棋布，才是千岛湖的特质。

千岛湖水清兮，晶莹透澈。其水源自曾创造“新安文化”的安徽境内的清澈见底的新安江，来自“五岳归来不看山”的黄山之泉。水中浮游生物极少，加之茂密的森林涤荡、净化，千岛湖的水非常清澈。在岸上，在船上，你可以轻松地看到湖中 10 米深处摇摆的水草和游鱼，这在全世界也是少见的。许多人都知道这样一句广告语：“农夫山泉，有点甜”，“农夫山泉”矿泉水就取自国家一级水体——千岛湖。国家 I 类水质的水，就是指不经任何处理即可饮用的水。因此，在千岛湖，你大可放心、随意地一掬湖水，品尝难得的清爽与甘甜。

泛舟千岛湖，你会感觉自己是绿色的一部分，是蓝色的一部分，你会感觉自己正融入千岛湖的翡翠里。千岛湖水奇妙的颜色让你感到自己的渐变，非绿，非蓝，亦绿，亦蓝，让你顿悟到白居易《江南好》中“绿如蓝”三字的妙处来。阳光下的千岛湖，细浪轻漾，波光粼粼，好似碧玉闪现的光泽；风息波静时，湖水丝绸般柔和，琉璃样清澈；仿若少女的脸庞，光洁明净；又如少妇平整无暇、圆润光鲜的皮肤。舟在水上行，而不惊鱼之悠闲摆尾、觅食；云在天上飘，而不遮蓝天碧水一色，这就不是一个“绿”字可以涵盖了。

千岛湖岛屿众兮，星罗棋布。开阔的湖面，一碧万顷，大岛似小山，小岛如巨舟，每个岛屿皆风光旖旎，充满浓郁的自然情趣。孔雀岛、猴岛、鹿岛、珍珠岛、龙山岛、蜜山岛、桂花岛、锁岛……孤岛，群岛，列岛，形态各异，多姿多彩。岸边山、湖中岛植被茂密。葱茏间，不知名的山花点缀其中，青松、梧桐、水杉、毛竹、棕榈、芭蕉相依相衬，青山翠屿，无限生机。万顷碧波如一巨大的棋盘，一千多个岛屿如随意布排却又有深意的棋子，疏密有致，交替、融合，互不相扰，却又关联。乘快艇犁波绕岛，游目聘杯，我忽然感觉一个岛屿就拥有一个湖泊。千岛湖简直就是一千个湖泊的连体。岛与岛，岛与水，水与水之间漾动着一种蓬勃的生命力。弃舟登岛，满目的浓翠和碧水的柔情，清清凉凉地漫来，水绿天蓝而漫山的野花又似锦缎般娇丽，空气中满是温润的气息和松木的暗香，沁人心脾，心旷神怡，让人心怀隐居的念想。

站在岛上，抚视浩渺的湖面，我的目光似乎穿透百米深的湖水，看到了淹没在水底的两座千年古城。街衢巷陌，官衙私塾，城门宅院……水底的一切依旧，唯有时光飞逝不回。但愿千岛湖的鱼，在时光的隧道中穿梭时，轻轻地轻轻地，不要惊动沉寂的岁月。

彩云双珠

——滇池、洱海

将滇池与洱海放在一起来写，不是因它们为云南的第一和第二大湖。也不是为了两相比较。很简单，主要是我喜欢，它们曾是我一次旅行的两个优美的站点；也是因为滇池、洱海相互映照，都是“彩云之南”的熠熠生辉的“高原明珠”。

彩云之南的五百里秀水——滇池

滇池位于昆明之南，西山脚下，南北分布，体呈弓形，如一弯新月。湖池东北有一天然沙堤，将滇池分为南北两部分——南为外湖，北为内湖。关于滇池的得名，我看到三种说法。一是地形说。晋人常璩在《华阳国志·南中志》中说：“滇池县，郡治，故滇国也；有泽，水周围二百里，所出深广，下流浅狭，如倒流，故曰滇池。”郦道元的《水经注》中记道："池，在县西北，周三百里许，上源深广，下流浅狭，但水倒流，故曰滇池。"范晔、司马彪合著的《后汉书》及冯甦的《滇考》皆沿用常璩、郦道元的解释，似乎已成定论。但又有寻音考义说。晚清经济特科状元袁嘉谷在《滇铎》考证说："滇颠也，言最高之顶。"汉代许慎在《说文解字》解释说：天，颠也。人之高顶为颠，顶之最高为天。自古滇民有谚日：一日上一丈，云南在天上。但也有的人认为，滇就是彝族的"甸"，即大坝子。三是民族称谓说。司马迁在《史记·西南夷列传》中最早记载："始楚威王时，使将军庄矫将兵循江上，略巴、黔中以西。……跷至滇池，地方三百里，旁本地，肥饶数千里，以兵威定属楚。……以其众王滇，变眼从其俗，以长之"，意思是"滇"，在古代是这一地区最大的部落，楚将庄蹻进滇后，变服随俗称滇王，故有滇池部落，才有滇池之名。众说纷纭，莫衷一是。但云南一省之简称为"滇"，已广为流传并成定论。

环滇池皆山也。诸峰葱茏，风光千里。东有金马山，西有碧鸡山，北有蛇山，南有鹤山。山脉连绵起伏，如一圈天然屏障护佑滇池和昆明。环滇池皆水也。盘龙江、金汁河、宝象河、海源河、马料河、落龙河、捞鱼河等20余条河从东南北三面汇入，滇池水由海口注入普渡河，流入金沙江。滇池，水面宽阔，景象壮丽。湖光山色，相得益彰。滇池有湖之秀丽，又具海之浩瀚。水色随天际日光、云彩之变而变。水浮云掩的西山，宛如一风姿卓越的美人卧睡湖畔，令人神思迷乱。站立西山龙门之上，百里滇池尽收眼底。白帆点点，红嘴鸥翔集，一派高原江南景象。

在大观楼，有一副对联，为康乾年间诗人孙髯所撰，写尽滇池胜况："五百里滇池，奔来眼底。披襟岸帻，喜茫茫空阔无边！看东骧神骏，西翥灵仪，北走蜿蜒，南翔缟素。高人韵士，何妨选胜登临。趁蟹屿螺州，梳裹就风鬟雾鬓；更苹天苇地，点缀些翠羽丹霞。莫辜负四周香稻，万顷晴沙，九夏芙蓉，三春杨柳；数千年往事，注到心头。把酒凌虚，叹滚滚英雄谁在？想汉习楼船，唐标铁柱，宋挥玉斧，元跨革囊。伟烈丰功，费尽移山心力。尽珠帘画栋，卷不及暮雨朝云；便断碣残碑，都付与苍烟落照。只赢得几杵疏钟，半江渔火，两行秋雁，一枕清霜。"活了80岁的孙髯一生勤奋，著述甚丰，大部分著作皆已流失，唯其题昆明大观楼长联，被誉为"天下第一长联"，流传千古，让人感叹不已！

地方拥一秀水足矣，湖泊出一美景足矣，诗人留一佳句足矣，人生得一知己足矣！昆明，得滇池足矣！滇池已成了云南的象征。

群山间的无瑕美玉——洱海

站在望海楼上往下看，洱海宛如一轮新月，又似一只倾听天籁之耳，静卧在苍山和大理坝子之间。洱海两头窄，中间宽，略弯曲，形如人耳，这也是洱海得名之因。洱海自古以来称谓众多，有洱河、西洱河、叶榆河、叶榆泽、弥河、昆弥川、昆明池等。面积虽比滇池小，但其蓄水量却相当于滇池的两倍，且湖水清澈，风光明媚，和滇池一样，

是一个高原湖泊，同称“高原明珠”。

洱海源于洱源县的茈碧湖，是白族人的“母亲湖”，有三岛四洲五湖九曲之胜。三岛，即金梭岛、赤文岛、天儿岛；四洲，即青莎鼻、大贯础、鸳鸯、马帘；五湖即南塘湖、北塘湖、联株湖、龙湖、波洲湖；九曲即莲花曲、大激曲、蟠肌曲、凤翼曲、萝肘曲、牛角曲、波埌曲、高岩曲。洱海，水质透彻，碧波荡漾，相传在水底长有一棵硕大无朋的玉白菜，这碧波莹莹的湖水，就是从玉白菜的心中一滴滴沁渗出来的玉液。我曾两次到过洱海，每次都是在同伴催促下恋恋不舍地离开的。

洱海风光，动静皆美，日夜皆美。白天，四时风光不同，变幻、多姿。清晨漫步海边，你会看到晨光熹微，薄雾轻笼，整个湖面烟波迷茫，像罩着面纱的白族姑娘，秀美的面容触手可及又遥不可及；待到旭日喷薄，霞光四射，你又会看见半湖青蓝半湖红，帆舟点点天地开。此时，你会闻到清爽的晨风中夹杂的花香和甜味，沁人肺脾，令人身心一轻。我曾在一个风和日丽的午后泛舟洱海，微风徐来，湖水不兴，阳光下泛着粼光，但依然干净、澄明、青绿。极目远眺，天蓝水碧，水天一色。宁静和悠远的湖面，让人恍惚，又思接千载。傍晚时，徜徉落霞绮丽的岸边，目睹众鸟归巢，耳闻渔歌唱晚，湖面一片静穆、空灵，让人顿生思退休闲之念。最美的是洱海之夜，尤其是月夜。在大理，素有“下关风、上关花、苍山雪、洱海月”四大奇景之说。洱海的月就是“风花雪月”之月。明朝诗人冯时可在《滇西记略》说：洱海之奇在于“日月与星，比别处倍大而更明”，这大概与他出任云南布政司参议的经历有关，掺杂了个人的情感。但“洱海夜月”确实异美。明月夜，月圆如轮，静影沉璧，浮光耀金，清辉吐银，仿佛刚从洱海中出浴的白族美人，让人有涉水抱月的冲动。白族先民称洱海之月为“金月亮”，并非赞誉之词。洱海夜月之所以名闻遐迩，关键在于苍山的白雪倒映在洱海中，与洱海之月交相辉映，构成“银苍玉洱”的大奇观。在洱海畔，临水把酒，赏月抒怀，真乃人生一大幸事。

清朝诗人吴铭道曾写过一首关于洱海的诗，可谓全方位写出来洱海之美：

罢父之山洱水源，首尾峡束中渊浑。划地横开大理国，挟风酿雪天阴昏。

波光渺渺破古镜，寒涛日齧苍山根。特留隙地辟城郭，一览已尽百里宽。

四洲三岛在何所，稍见数点青鸦翻。长路漫漫绕海角，孤烟一抹销人魂。

朝看帆来暮帆去，风如潮信无移痕。五湖欲往计未果，思与水仙相对论。

世外桃源

——燕子湖

桂林山水甲天下，阳朔山水甲桂林。介于桂林、阳朔之间的美景往往被忽视，但其不以世人的厚此薄彼甚至遗忘，而放弃静默坚守，独立与天然朴素之美。燕子湖就是最典型的一个。

其实，燕子湖就位于桂阳公路旁，距桂林 49 千米，距阳朔更近，才 15 千米。我们从阳朔驱车十几分钟就到了。燕子湖静泊于两个秀丽的城市间，像一位纯朴、秀洁的村姑静伫在车流如河的桂阳公路旁，千顷汪洋，四时烂漫，不张扬，不造作，不卑不亢，荡清波于大片绿野平畴之中，展秀美呈山水田园风光。宛如纯净而略显娇憨的少女的明眸，脉脉含情却又落落大方。我们弃车登舟，只见天旷云近，水阔波平，岸柳依依，轻拂湖面；远山耸翠，村树含烟，阡陌纵横，屋宇错落，山光

水色与田园风光自然融合，真有陶渊明《桃花源记》“中无杂树，芳草鲜美，落英缤纷”的景象，让人神怡心旷，杂念顿消。小船悠行于绿锻般的湖面上，若一把无声的剪刀，裁波剪浪；又似一支神来之笔，在湖面、在心间画出不可复制的画来。我立于船头，游目骋怀，忽有一种恍若隔世的感觉。我想到了晋代陶渊明，想到了他的《桃花源记》，想到了他在另一篇辞章中写道：“或命巾车，或棹孤舟。既窈窕以寻壑，亦崎岖而经邱。木欣欣以向荣，泉涓涓而始流。善万物之得时，感吾生之行休。”

正当我怀思古幽情时，忽然，一阵歌声随微风飘来。蓦然侧首，十来个身着鲜艳的民族服饰的姑娘，在歌台舞楼上正载歌载舞，充满浓郁的民族风情，让人顿感岁月的古老和民风的异彩。转过歌台，航道越来越窄，大有曲径通幽之妙。在一丛横斜的树枝的下，闪出一个 2 米左右窄窄的口子来，仅容一只小船通过。少顷，忽然眼前一片漆黑，没有半点光亮，感觉一下子从艳阳高照的白天，突然进入了星月隐匿的暗夜，似乎“山重水复疑无路”了。原来我们的小舟驶入了燕子岩洞。洞口依然很窄，行进约 10 余米，见洞中有两处凸出的石头，形似燕子，又恰成双，估计这就是燕子洞的得名所在了。不多时，船出了小隘口，同伴突然高声叫道：“柳暗花明又一村”啊！我们的眼前一下豁然开朗，但见一草木葱茏、满目桃花的小岛现于面前。导游告诉我，这就是桃花岛。据说，此地的原住民，自古以来喜好种植桃树，田畴岸边岛上到处粉红粉白，一到春季，一片灿然。白居易诗曰：“人间四月芳菲尽，山寺桃花始盛开”，在此处也非常恰当。一片片桃花簇拥在一起，宛若女子娇媚的笑靥，在湖水的衬映下越发娇艳。我忽发奇想：陶潜再世，游历此地，是否会续写《后桃花源记》呢?！真让人生发“陶令不知何处去，此地空余桃花岛”的感慨。

舟过桃花岛，突然号角长鸣，鼓声紧促。一群原始部落的土著突然从山坡上冲下来，手执长矛、渔叉，准备投掷。一船人顿时慌乱起来，一路上又说又笑的女同伴吓得花容失色。导游见状哈哈大笑，说莫惊莫惊，这是原始部落的民众在欢迎我们。果然这些以树皮羽叶遮身、剽悍健壮、皮肤黝黑的土著，开始跳起了欢快的民族舞蹈。强烈的肢体语言告诉我们，这是一个生命力极其顽强的部落，也是一个爱憎分明的部落。燕子湖水养育了他们，也培育出了他们的勇敢、热情、善良和爱。

小舟越过原始部落的水域，沿两岸散布的村庄缓行。岸边，泥墙青瓦，竹篱菜畦，鸡犬之声清晰可闻。河畔，三两村妇浣衣汲水，棒槌在青石板上敲出的声音似乎仍有古老的韵律。几个农人赤脚担桶行走在田间地头，炊烟在暮色中冉冉升起。湖面上，一只渔筏与我们相向而行，船上一渔翁，须发雪白，叼一长长的烟斗，蓝烟悠悠，竹筏悠悠，在夕光中随波逐流。真是“舟遥遥以轻飏，风飘飘而吹衣”。我想，隐者的诗意生活也不过如此吧。此时，波光云影徘徊，落霞鹭鸶齐飞，恍惚间，我穿越了时光，不知今夕是何年！

弃舟上岸，脑海里世外桃源般的景象，挥之不去。笔架山搁笔沉思，桃花岛的桃花静默盛开，燕子湖依旧回荡着宛如燕子呢喃般婉转的歌声。我又情不自禁地颂起陶渊明的《归去来辞》：“悟已往之不谏，知来者之可追。实迷途其未远，觉今是而昨非。”

乐土在脚下，我们心中的桃花源在哪里呢?!

东方的威尼斯

——平天湖

2009年7月22日的日全食，370年一遇，被誉为世纪日全食。日本天文学家通过多国考察，认定地球上唯有中国中部的一个地方，无论从其综合地理位置、资源环境，还是其空气质量看，都符合最佳观察点的条件。于是，100多名日本天文专家及媒体记者7月19日就来到了此地，并于22日上午观察拍摄了日全食的全过程。这个地方就是安徽省池州市的平天湖。

池州原名贵池，传说因水美得名，而平天湖又为该区水美之最。平天湖从西、南、北三面环绕齐山，也称齐山湖。唐代大诗人李白曾在池州盘桓多日。其间，“五游秋浦，三上九华”，李太白在此写下了《秋浦歌十七首》，其中一首千古绝句就是其夜游平天湖后写就的：“水如一匹练，此地即平天，耐可乘明月，看花上酒船”。从诗中我们约略看出平天湖水质的清澈、纯净，空气的清朗、灵动，环境的恬美、自然。也可想见当时李白于水天一色间，戴月行舟赏花，何等惬意！

平天湖三面层峦叠翠，一面豁然开朗，半城山色，半城杏柳，湖体柔美，透着野性，灵秀而浩渺。有人说，平天湖是中国的第二西湖，赞其秀美。其实，平天湖自古以来水域开阔，水面约12平方千米，是西

湖的1.5倍。且青山掩隐，树木葱茏，烟波浩渺，风光秀美，像一颗璀璨的明珠静静地藏匿于山骨树衣之中。清代诗人姜文彪有诗赞曰："山离南郭两三里，景胜西湖六七分"，在姜诗人的眼里，平天湖的美，远胜于西湖。然而，在我的眼里，平天湖的综合之美，完全可与欧洲的日内瓦和威尼斯媲美。

得池州诗友相邀，我曾三次畅游平天湖，每次都为其湖光山色而陶醉。荡舟湖中，如游云水之间。极目远眺，碧水蓝天，山水相融，满湖美景。碧山与峡山绵延，如绿带翠屏。阳光之下，微风所触，波光粼粼。群鸟竞飞，渔舟点点，岛如翠螺。神龟岛、桃花岛神韵各异。神龟岛酷似神龟，南面九华，呈膜拜之势，当地人称"神龟拜九华"。桃花岛植被葱茏，林木如盖。春季时桃花绽放，绚烂逼人，如一艘插满桃花的巨舟泊浮在碧波之中，意境幽然、空灵，让人遐思桃花背后的往事。立于平天湖碧波之上，我想到了封地于此的南朝的萧统，常垂钓于湖上；想到了这位昭明太子在湖畔编纂的我国现存最早的诗文总集《昭明文选》。想到了陶渊明、李白、白居易、杜牧、苏轼、王安石、包拯、陆游、岳飞、文天祥、朱熹、李清照等众多文人墨客在这“千载诗人地”泛舟看花，邀月饮酒，吟诗作赋，留下的脍炙人口的作品。想到了南宋名将岳飞为渡江抗金曾驻兵齐山，练水师于此湖；想到了这位民族英雄在平天湖畔写下的千古绝唱《池州翠微亭》：“经年尘土满征衣，特特寻芳上翠微。好水好山看不足，马蹄催趁月明归”。平天湖的旖旎风光，连这位抗金名将在戎马倥偬的岁月里也偷闲匆匆游赏。岳飞遇害后，大将韩世忠在离西湖不远的飞来峰建翠微亭以作怀念，其意图来源于平天湖畔的这段历史，图样也来自平天湖畔的齐山翠微亭。行文至此，我忽然想到，人们爱将平天湖与西湖相提并论，这段凿凿历史是否一个佐证呢……

平天湖，平和、秀丽、本质自然、无雕琢之痕，如一位俏丽、纯净的处女，散发着诗意的光芒。

北地西湖，华北明珠

——白洋淀

我是通过看电影《小兵张嘎》、小说《荷花淀》和《新儿女英雄传》知道白洋淀的。知道白洋淀里有大片茂密，甚至隐秘的荷花和芦苇，是打击侵略者的战场。不知轻重的少时的我一度认为，在那样美丽的湖面，头顶荷叶、穿越芦荡、神出鬼没地与敌人周旋，是一种享受。就是从那时起，我再也忘不了华北大平原上这个最大的淡水湖了，这颗璀璨的明珠一直在我的脑海里闪烁。

后来，随着年龄的增长，我查阅一些关于白洋淀的资料。再后来，我寻着机会去了一趟自古有“北地西湖”之称的辽阔的水域。

白洋淀，旧称白羊淀，又称西淀，到明弘治元年（1488 年）之后，九河入淀，“汪洋浩渺，势连天际”，遂改称白洋淀。淀内沟壕纵横、分割，分布 143 个大小不一的湖泊，因白洋淀面积最大，故以其名统称这片浩渺的水面。去白洋淀很方便，它距保定仅 45 千米，距京、津也

就不到一个半小时的车程。导游告诉我，白洋淀一年四季皆有景。阳春三月，淀水清澈，烟波浩渺，芦苇翠绿；盛夏来临，莲菱铺湖，蒲苇摇曳，荷花飘香；仲秋时节，鱼跳水面，肥蟹潜水，渔舟点点；隆冬三九，冰封大淀，坚冰似玉，冰床穿梭。看来，白洋淀去一次是不够的。

我是在某年七月下旬到白洋淀的，据说此时正是白洋淀最美的时节。漫步堤岸，夏风凉爽，岸柳如烟；举目远望，淀水涨满，水域辽阔。绿荷漂水，翠苇摇曳，碧波荡漾，满目绿色。我与同伴租了一条小渔船，慢慢融入了无边的绿意里。站立船头，微风拂面，阳光下的淀水粼粼，如千万条鲤鱼同时浮出水面。2000 亩荷叶一眼望不到边，层层叠叠，错落天成，像一块巨大的厚厚的翡翠长出水面。刚出水面的绽放的荷花在重叠的荷叶之间，红白相间，亭亭玉立，或举如朱笔，或藏如粉饼，或开若笑颜，或闭若红唇，或卧似出浴的美女，浑然而充满野趣。好一个荷花大观园，好一个“百里荷香图”。在阵阵沁人的荷香里，我忽然想起明代诗人鹿善继的一句诗来：“白洋五日看回花，馥馥莲芳入梦来”。看来今夜我要拥荷香入梦了。

忽然船头一转，万顷苇浪滚滚涌入眼帘。少顷，我们的小船进入了莽莽芦荡。两侧全是几米高的芦苇，叶秆鲜绿，阳光下、风过时，闪闪发亮，鲜嫩欲滴。像纵横交错的绿色长廊，又像隐秘的水上通道。湖风乍来，沙沙作响，似集体吟诵，又似情人细语。穿行其间，似入迷宫，让人顿生神秘之感。忽然，一声渔歌传来，私下寻望，只见绿苇摇曳，不见歌者何处。法国思想家帕斯卡尔说过：“人只是自然界一根脆弱的芦苇，但这是一根会思考的芦苇”，在我看来，白洋淀的 12 万亩芦苇每根都会说话，都在思考。

那次在白洋淀，我还到过一淀，叫“捞王淀”。据说，当年乾隆皇帝在此避暑，一次水猎时不慎落水被渔民救起，后来当地人就将此淀叫做“捞王淀”。一个渔民捞起落水的皇帝，延续或改变了中国历史。或者说，白洋淀延续或改变了中国历史。真是载舟覆舟，在于一念。

白洋淀是灵性的。

日月同辉的宝岛大湖

——日月潭

没到过台湾，定听说过日月潭；到过台湾，必去过日月潭。这倒不仅是因其为全台湾最大的也是唯一的天然湖泊，更是因其日光月影相映成趣，四时风光各有奇异，堪称宝岛明珠之冠。其实，日月潭美名久远，在清朝时即被评为台湾八景之一，有“海外别一洞天”之称。

日月潭，原名很多，旧称水沙连、龙湖、水社大湖、珠潭、双潭等，亦名水里社；青山环绕，葱翠如屏，潭水幽深，碧蓝无垠，山水互映，风景奇丽。在台湾，我特地探究了一番日月潭的得名之因。日月潭之名首见于清道光元年（1821 年）台湾府知府邓传安所著《蠡测汇抄》一书：“过水里社，望见日月潭中之珠仔山……”。关于日月潭的得名，较为普遍的一种说法是：北半湖形如日轮，南半湖状似上弦之月，因名日月潭。此说只因潭形而命名，不顾及水质，似有不足，我心存疑。一次闲翻邓传安《蠡测汇抄》，发现一篇《游水里社记》提到了日月潭得名之因：“其水不知何来，潴而为潭，长几十里，阔三之一。水分丹、碧二色，故名日月潭”。在中国，江河湖泊以水之颜色命名，其数不在少，日月潭以水色两异得名，有理有据。其实，日月潭无论是依形，还是因色，都是极言其美，大可不必深究。

邓传安在《游水里社记》说，日月潭“其水不知何来”，确实，旧时的日月潭水源全仰赖雨水，由玉山和阿里山漳的断裂盆地积水而成。环潭 35 千米的岸线像一条绿色丝带缚系着一块巨大的碧玉，静卧在葱茏的群山之间。中国文人但凡赞美湖泊秀美，皆拿西湖作比，我也沿循旧例一次。日月潭水深平均达 30 米，水域面积 9 平方千米，比西湖深 25 米左右，比西湖大三分之一左右。日月潭中有一小岛，远望好像浮在水面上的一颗珠子，名“珠子屿”。抗战胜利后，为庆祝台湾光复，改名为“光华岛”。岛的东北面湖水形圆如日，称日潭，西南面湖水形觚如月，称月潭，统称日月潭。

日月潭，湖面开阔，潭水湛蓝，如一面忽而闪烁的翡翠，忽而静影沉璧的宝镜；环湖皆山，峰峦重叠，似一圈苍郁的屏风拱卫着一汪碧水；清人曾作霖曾有诗句这样形容日月潭：“山中有水水中山，山自凌空水自闲”，可谓神形具备——日月潭确实是湖中有岛，水中有山，波光岚影，动静两宜。台湾的友人告诉我，日月潭，晨昏色相异，四季景不同。在日月潭的几日，我深感此言不谬。晨曦时分，群山如黛，万籁俱寂，潭水呈现出绮丽而神秘的色彩，沉湎其间，欲辩其色，倏而已

变；夕光袭来，晚霞四起，整个湖面空蒙如轻纱飘荡旋舞。“造化钟神秀，阴阳割昏晓”，置身其间，我感觉这句诗不是写泰山的，而是写日月潭的。

我第一次到日月潭时，正是风和景明的四月，展现在我眼前的是一幅“青山拥碧水，明潭抱绿珠”的明媚景色。友人说，若是秋游日月潭，景致又有不同，湖畔的群山，色彩斑斓，潭水透碧，云高气爽，此时此境，几乎物我两忘。尤其是秋夜，明月照潭，清光泻湖，碧波映照素月，天上人间同辉，恍惚间让人如临仙境。这给了我尚未离开，又想重游的念头。

那次日月潭之行，我曾步行至日月潭西北岸的山脚，未见水流，却听到了雷鸣般的轰响，我知道那就是日月潭水源的入水口。水流湍激，浪花飞溅，势若蛟龙吐水，声似万鹤排空。一条 18 千米长的大隧道将浊水溪之水引到了日月潭。看来日月潭不是无源之水，台湾知府的“其水不知何来”之问，现在有了新的答案。